おいしい
韓国料理のレシピ

キム・ナレ

はじめに

　私が最初に日本で料理教室を開いたときは、誰もが知っているような韓国の家庭料理やジャンクな韓国料理といった「ザ・韓国料理」を教えていました。韓国のオモニたちの作り方を再現したような、いわゆる定番レシピです。

　そんなある日、体調を崩してしまって料理教室が続けられなくなりました。すると、料理教室の生徒さんだった方からメッセージが届いたのです。
「先生の教室には行けなくなってしまったけれど、先生のレシピは我が家でずっと生きています。娘たちも先生のレシピをお母さんの味として覚えてくれるでしょう。そして娘たちが大きくなって家庭を持ったら、自分の家族のためにその料理を作ることでしょう」

　自分の料理が誰かの家庭の味になり、それが代々受け継がれるかもしれない……それはとても素敵なことに感じられました。メッセージに突き動かされるように、私は料理教室の再開を決意。ならば早く体調を戻さないといけないと、自分を元気にするための韓国料理を作るようになりました。

「自分を元気にする」といっても特別なことをするのではなく、旬の食材を食べること、体に負担をかける味付けはやめることの2つだけ。これが、私のオリジナルな韓国料理レシピへと発展したのです。

　韓国料理はにんにくや塩分の強い料理が多いので少し減らし、シンプルで体も心も喜びそうな健康的なレシピを目指そう。そんな思いで再開した料理教室では、思いのほかたくさんの方から健康について不安があることをうかがいました。これはますます、この"飾り気はないけれど元気になる韓国料理"を広めたいという気持ちになったのです。そしてようやく、長年の夢であった自分の本を出版することができました。

　この本では、みんなが大好きな定番の韓国料理と、その料理と相性のいい組み合わせのメニュー、韓国の家庭でよく作る気軽な韓国料理（ただし、必ずしも定番の材料で作らなくてもいいもの）、そして日本の旬の食材を使ってアレンジした「ナレ式」の韓国料理を紹介しています。レシピはあくまで基本のものなので、そのときの体調に合わせて調理してください。読者の皆さまにとって、毎日気軽に続けられる韓国料理でありますように。

　愛を込めて。

　Special Thanks
　アベクミコ
　蓮池陽子

　　　　　　　　　　　　　　　　　　　　　　　　　　　キム・ナレ

●小さじ1は5㎖、大さじ1は15㎖、1カップは計量カップの200㎖、米1合は180㎖です。
●野菜類は、特に指定のない場合は、「洗う」「皮・薄皮をむく」「ヘタ・種をとる」などの作業を済ませてからの手順を説明しています。

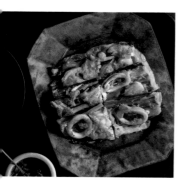

雨の日に

チヂミ (p12)
スジェビ (p84)

韓国の人たちにとって、雨の日はチヂミを食べるのがお決まり。雨の日にチヂミ屋さんに行くと、必ずといっていいほど満席です。雨の音がチヂミを焼くピチピチという音を連想させて食べたくなる、といわれていますが、私にとっては子どもの頃からの習慣。反射的に食べたくなります。韓国風すいとんのスジェビも雨の日に食べるものといわれています。

誕生日に

わかめスープ (p50)

「わかめスープ飲んだ？」これは韓国でよく聞かれる誕生日のあいさつ。もし、その時点でまだ飲んでいなかったら、わかめスープをごちそうしてお祝いします。バースデーケーキよりもわかめスープのほうがずっと重要なのが韓国のバースデーです。韓国では産後にわかめスープを飲んで体をケアする習慣があります。そのことから、誕生日には産んでくれたお母さんに感謝する意味で、わかめスープを飲むようになったのです。

ピクニックに

キンパ (p36)

手で持って簡単に食べられるのり巻きがピクニックのお弁当の定番なのは、日本も韓国も同じ。好きな具材はもちろん、ありあわせの具材を巻くだけでごちそうになります。

こんな日には

お正月、チュソク（お盆）、お祝いなどハレの日に

チャプチェ (p26)
ジョン (p58)
カルビチム (p64)

韓国ではチャプチェ、ジョン、カルビチムなどが縁起のいい食べものといわれ、ハレの日の食卓に並びます。

テレビでサッカー観戦やドラマ鑑賞するときに

ヤンニョムチキン (p40)

韓国で「チメクしよう」は、「チキン」と「メクチュ（ビールの韓国語）」で楽しもう！ の意味。ヤンニョムチキンはフライドチキンに甘辛のヤンニョムをからめたもので、これまたビールにぴったりのおつまみです。サッカーの試合開始やドラマのスタート時間に合わせてチキンのデリバリーを頼み、テレビを見ながらチメクするのが、韓国の人は大好きなのです。

食欲が落ちたときに

だいこんご飯 (p78)
豆もやしご飯 (p80)

白米にだいこん、豆もやしをそれぞれたっぷり入れた炊き込みご飯。調味料を入れずに炊いて、たれをかけて食べます。あっさりした味わいなので、食欲がないときでも箸がすすみます。

あの韓国料理を!

結婚披露宴に

チャンチグクス (p90)

温かいそうめんに野菜や錦糸卵などをトッピングした、韓国の結婚披露宴でよくふるまわれる麺料理。「グクスはいつ食べさせてくれるの?」と聞かれたら、それは「結婚はいつするの?」が本当の意味合い。　暗にプレッシャーをかけられているのです。

韓国版土曜の丑の日、「伏日(ポンナル)」に

サムゲタン (p52)

鶏一羽まるまる使い、にんにく、しょうが、なつめなどと一緒に煮込むスープ料理のサムゲタン。日本では寒い冬に食べるイメージですが、韓国では夏によく食べます。7〜8月にかけて「伏日」という日が3回あり、暑気払いのためにサムゲタンなどの滋養食を食べるのです。日本の土用丑の日にうなぎを食べる習慣と似ていますね。

トッポッギは屋台で買って、ポリ袋からチューっと吸って食べる

小中学生の頃によく食べたおやつといったら、トッポッギがダントツ!　学校帰り、屋台で熱々のトッポッギをよく買ったものです。ポリ袋にたれごと入れてもらって口をキュッと結んで渡されます。それを持った途端に欲望が爆発。うまくて我慢できなくて、袋の端っこを歯で食いちぎって(笑)、穴からお餅をチューっと吸って食べるんです。もうこれがたまらないおいしさ。このおいしさが忘れられず、今でも韓国に帰省したときは、実家に着く前に屋台に寄り道してトッポッギを買って、その場ですぐに食べてしまうんですね。

ナレ式韓国料理 ⑧つのコツ

① 炒めたり煮たりするのは、弱めの中火でじっくりと

私のレシピの火加減は、「弱めの中火（炎がぎりぎり鍋底に当たらないくらい）」が基本になっています。じっくりと火を通したほうが味がしっかりとしみ込み、滋味深くなるからです。また、韓国料理は粉唐辛子やコチュジャンを使うことが多く焦げやすいので、それを防ぐこともできるのです。

② 甘みは砂糖をあまり使わずに、アガベシロップや梅シロップで

やさしい甘みを出すため、アガベシロップと梅シロップをよく使用します。アガベシロップの甘さは砂糖の1.5倍といわれ、少し加えるだけで甘みを感じられるのでカロリーを抑えられます。また、血糖値が急上昇しにくい甘味料のため、とてもヘルシー。梅シロップはほんのり甘みを出したいときや香りづけに使います。私は、梅ときび砂糖で手作りしたものを使っていますが、市販品で構いません。

③ やたらとにんにくを使わない

韓国料理＝にんにくたっぷり！のイメージはありませんか？確かに、韓国料理ではにんにくをたくさん使うことが多いですが、私のレシピはちょっと違います。じつは私、にんにくを食べすぎると胃もたれしてしまう体質です。加えて、にんにくなどの薬味は香りを楽しむものだと思っているので、やたらと使うことはしません。にんにくを使用すると料理全体のうまみが増しておいしくなる、にんにくマジックをかけることはできるのですが、その分、素材自体の味わいを感じにくくなってしまうように思います。素材の味わいを楽しむためにも、にんにくはあまり使用しません。

④ おいしさのためなら、ちょっとした手間を惜しまない

私のレシピ、ちょっと面倒だなと思うことがあるかもしれません。たとえば「チャプチェ」(p26) は、切った野菜を一気に炒めるのではなく、1種類ずつ分けて炒めています。それは野菜によって火の通り方が異なるため。こうすることで、一気に炒めるよりも食感が驚くほどよくなります。いつでもどんなときでもおいしいものを食べたい！そんな食いしん坊だからこそ(笑)、手間は惜しみません。

⑤ 放っておくことも調理法のひとつ

火にかけているとき、菜箸などで素材をつついたり転がしたりしてしまいがちですが、さわらずに放っておくことも大事です。たとえば、チヂミは焼いている途中にあまりさわると固まりにくくなってしまうし、サムギョプサルも焼いているときにさわりすぎると肉汁が落ちてしまいます。ヤンニョムチキンを作るとき、チキンの揚げはじめはさわらないでおかないと、衣がはがれやすくなってしまいます。じっと見ているだけということも、おいしく作るコツなのです。

⑥ 油を使い分ける

炒めたり揚げたりするときは、クセがなく泡立ちが少ない米油。あえものや仕上げに使うのはごま油。風味を出したいときの炒めもの、スープなどの火を通す料理にはえごま油を使います。ちなみに、韓国ではごま油とえごま油は冷蔵庫で保存します。

⑦ その土地の旬の野菜を使う

自分が住んでいるところで採れた旬の野菜が、なによりもおいしくて体にいいと考えています。韓国ではナムルにあまり使わないビーツやなすを材料にしたのは、そんな理由から。初めて作ってみたとき、おいしくて驚いたものです。この本の材料に書いてある野菜も、旬の野菜にどんどん変更して、アレンジを楽しんでください。

⑧ レシピはあくまでも目安。必ず味見をして、自分の好みに！

料理が上手になる秘訣は？と聞かれたら、「味見をたくさんすること！」と答えます。味見をした分だけ、料理はおいしくなると思っています。たとえば、塩とこしょうで味をととのえる、とレシピにあっても、その前に必ず味見をしてください。自分の舌で確かめて、それで足りないと感じたら、塩やこしょうをプラスして、好みの味に仕上げます。レシピの分量や時間などの数字はあくまでも目安です。その日の体調によって味の感じ方は異なるもの。そのつど必ず味見をし、その日の自分に合った味を見つけてください。

> マシッタ！
> 맛있다！
> （おいしい！）

1章

アレンジもできる
定番の韓国料理

チヂミ、トッポッギ、ビビンバ、チャプチェなど
日本でも人気の韓国料理のオールスターズをそろえました。
材料をちょっと変えてできるアレンジ料や、
一緒に食べたい付け合わせなども紹介します。

韓国で雨の日は、チヂミとマッコリが定番。
ちなみに「チヂミ」は慶尚道（キョンサンド）あたりで
使われる方言で、ソウルでは一般的に「プチムゲ」と言います。

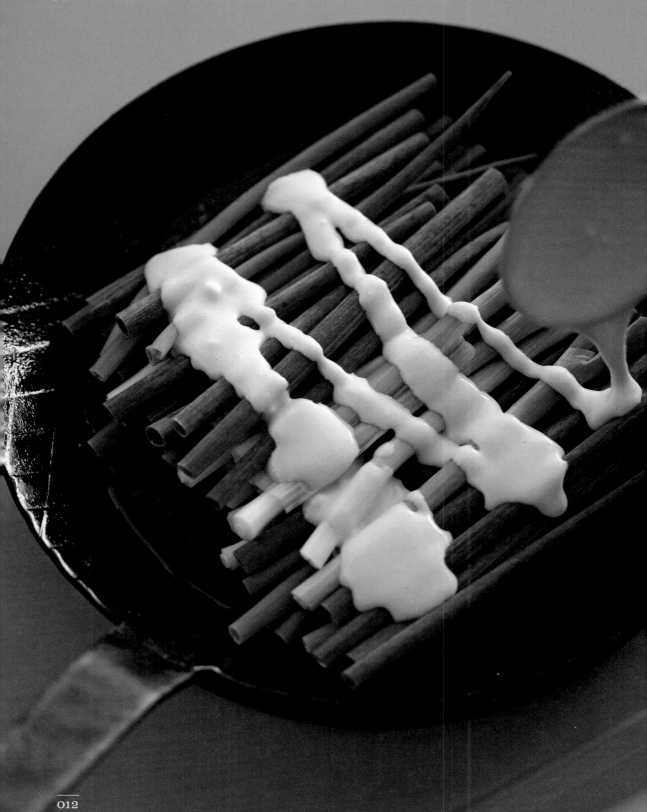

ヘムルパジョン
해물파전

海鮮チヂミ

材料（2人分）

小ねぎ…15本	**A** 小麦粉…50g
えび…5尾	片栗粉…大さじ1
いか…40g	水…70㎖
にんじん…少量	しょうゆ…小さじ1
生の赤唐辛子(斜め薄切り)…少量	米油…大さじ1と1/2
溶き卵…1個分	たれ(p135-1)…適量

作り方

1　小ねぎは15cm長さ（フライパンの大きさに合わせて調節する）、えびはひと口大、いかは5mm幅の輪切り、にんじんはせん切りにする。

2　いかとえびはさっとゆでて、キッチンペーパーで水気を拭き取る。

3　ボウルに**A**としょうゆを入れてよく混ぜる。

4　フライパンを弱火にかけて米油大さじ1をひき、ねぎを並べて入れる。その上に**3**の生地の半量をかけ、にんじん、いか、えび、赤唐辛子をのせる。残りの生地を全体にかけ、溶き卵を具材がくっつくようにところどころにかける。

5　ねぎに軽く焦げ目がついたらひっくり返し、中火にしてねぎのまわりに米油大さじ1/2を足す。

6　フライ返しでぎゅうぎゅう押さえながら火を通し、下の面がきつね色になったらひっくり返し、さっと焼く。

7　器に盛り、たれ(好みに応じて白ごまを加えても)を添える。

キムチジョン
김치전
キムチチヂミ

材料（2人分）

白菜キムチ（発酵が進んだ酸っぱいもの）
　　…90g
じゃがいも（メークイン）…1/2個（40g）
キムチの汁…大さじ1
粉唐辛子…小さじ1/3
A 小麦粉…50g
　　片栗粉…大さじ1
　　水…70㎖
米油…適量
たれ（p135-1）…適量

作り方

1 キムチは食べやすい大きさに、じゃがいもは5㎜幅の細切りにする。
2 ボウルに**A**、キムチの汁、粉唐辛子、じゃがいも、キムチを加えて混ぜる。
3 フライパンを弱めの中火にかけて米油をひき、**2**を流し入れる。生地が半透明になって、下の生地に焼き色がつくまで焼き、ひっくり返したらフライ返しでぎゅうぎゅう押さえながら火を通し、下の生地に焼き色がつくまで焼く（**a**）。
4 器に盛り、たれ（好みに応じて白ごまを加えても）を添える。

酸っぱいキムチと
もっちりじゃがいもが
バランスのよいコンビネーション。

대파전
デパジャン

長ねぎチヂミ

材料（2人分）

長ねぎ（白い部分）… 1本分
塩…少々
A 小麦粉…50g
片栗粉…大さじ1
水…70㎖
米油…適量
たれ(p135-1)…適量

名脇役が主役に！
弱火でじっくり焼くことで
甘みがじわじわ〜。

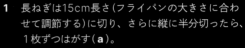

作り方

1 長ねぎは15cm長さ（フライパンの大きさに合わせて調節する）に切り、さらに縦に半分切ったら、1枚ずつはがす（**a**）。

2 ボウルに**A**と塩を入れてよく混ぜ、ねぎを加えて手で全体にからめる（**b**）。

3 フライパンを弱火にかけて米油をひき、ねぎを入れる（**c**）。ボウルに残った生地を上にかけ、生地が半透明になって、下の生地に焼き色がつくまで焼き、ひっくり返したらフライ返しでぎゅうぎゅう押さえながら火を通し、下の生地に焼き色がつくまで焼く。

4 器に盛り、たれを添える。

떡볶이×고구마 튀김
(トッポッキ) (コグマ) (ティギム)

トッポッギと
さつまいもの
天ぷら

みんなが大好きなトッポッギは、
弱火でゆっくりと煮て味を
しみこませるのがおいしさの秘密。
天ぷらにトッポッギのソースを
たっぷりつけて食べるのが
定番の組み合わせです。

トッポッギ

材料（2人分）

トック…200g
韓国さつま揚げ…2枚
A｜水…1と1/2カップ
　｜コチュジャン…大さじ2
　｜薄口しょうゆ…大さじ1
　｜粉唐辛子…大さじ1
　｜砂糖…大さじ2

作り方

1　さつま揚げは食べやすい大きさに切る。
2　フライパンにAを入れてよく混ぜ合わせ、強火にかける。
3　沸騰したらトックとさつま揚げを入れて弱火にし、ときどき混ぜながら汁にとろみがつくまで20〜30分煮る。

さつまいもの
天ぷら

材料（2人分）

さつまいも…1/2本
小麦粉…少量
A｜小麦粉…40g
　｜炭酸水…60g
　｜塩…少量
揚げ油(米油)…適量

作り方

1　さつまいもは1cm幅の斜め切りにして軽く小麦粉をまぶす。
2　ボウルにAを入れてさっと混ぜ、1のさつまいもをくぐらせる。
3　フライパンに米油を160℃に熱して2を入れ、4〜6分揚げ、取り出して油をきる。
4　器に盛り、トッポッギのソースにつけて食べる。

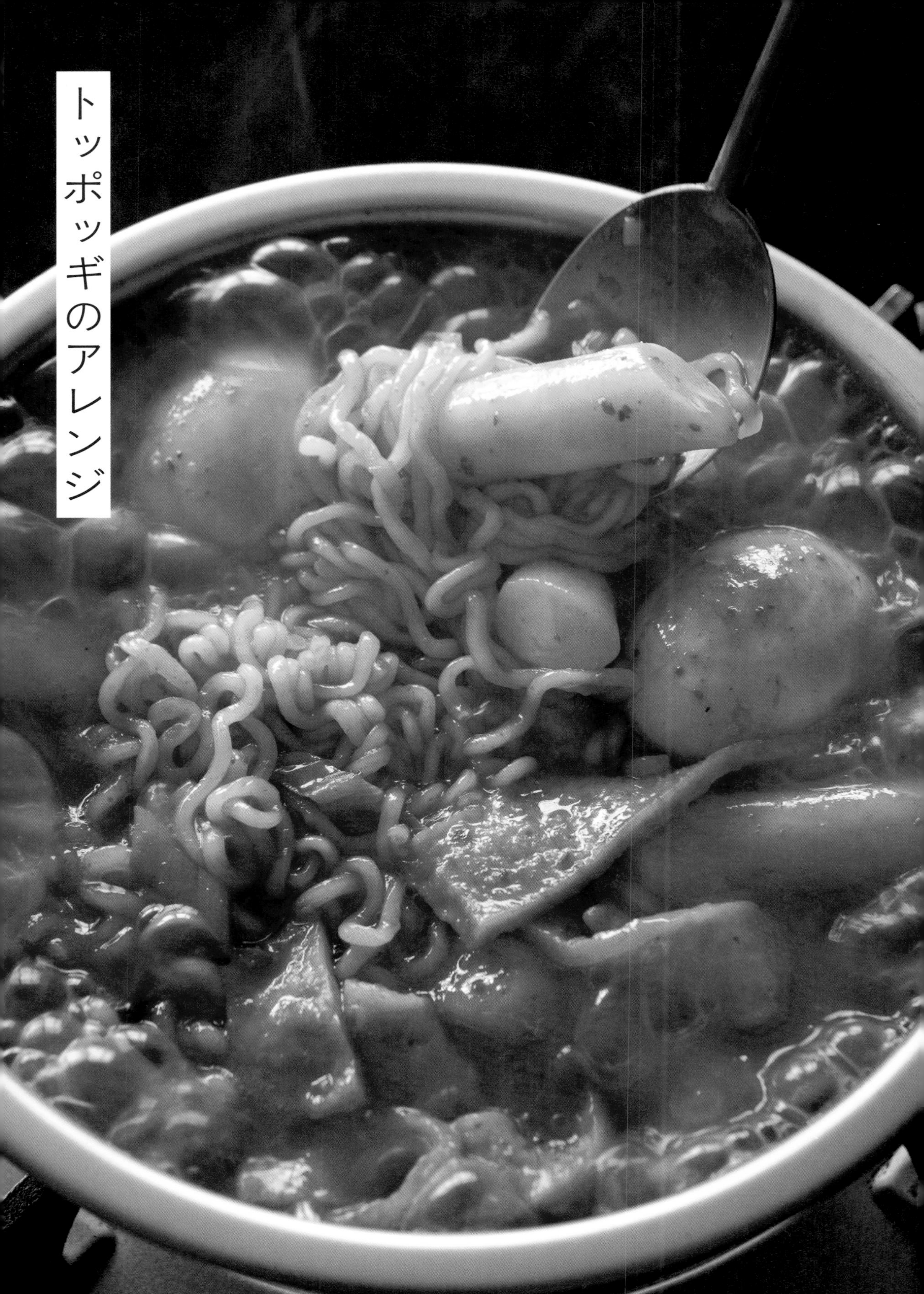

トッポッギのアレンジ

ラポッキ

라볶이
ラポッキ

材料（2人分）

トック…100g	**A** コチュジャン…大さじ2
韓国さつま揚げ…1枚	薄口しょうゆ…大さじ1
ゆで卵…2個	粉唐辛子…大さじ1
インスタントラーメン	砂糖…大さじ2
（スープ不要）…1袋	
わけぎ…1/2本	
水…3カップ	

さつま揚げや素ラーメンを
加えてボリュームたっぷり！
でも韓国ではおやつです!!

作り方

1　さつま揚げは縦1cm幅に切り、わけぎは斜め切りにする。

2　鍋に水と**A**を入れて強火にかける。

3　沸騰したらトック、さつま揚げ、ゆで卵を入れて中火で5〜
　　10分煮る。

4　インスタントラーメンは袋のまま4等分に割ってから取り出し、
　　3に加える。

5　わけぎを加えて、ラーメンの袋の表示どおりの時間煮る。

ビビンは「混ぜ」、パッは「ご飯」のこと。
ご飯の上に野菜やナムルを
彩りよく盛り付けたビビンバは
スプーンでよ〜く混ぜて食べるもの。
わかめがトロットロになるまで煮込んだ
やさしいスープと一緒にいただきます。

비빔밥×미역국
ビビンパッ　ミョッククク

ビビンバとわかめスープ (p50)

ビビンバ

材料（2人分）

牛肉（1cmほどの厚みがあるもの）
　…80g
韓国かぼちゃ（ズッキーニでも可）
　…5cm
だいこん…5cm
しいたけ…2個
しょうゆ…小さじ1
アガベシロップ…小さじ1
おろしにんにく…少量
酢…小さじ1
粉唐辛子（細かいもの）
　…小さじ1/3
塩…適量
ごま油…少量
米油…適量
豆もやしナムル(p114)、
　ほうれん草ナムル(p115)、
　にんじんナムル(p115)、
　コンドゥレナムル(p115)
　…各適量
目玉焼き…2個
ご飯…茶碗2杯分
薬コチュジャン(p135)…適量

作り方

1　牛肉と韓国かぼちゃは細切り、だいこんはせん切り、しいたけは石づきを切り落として薄切りにする。

2　ボウルにだいこん、アガベシロップ小さじ1/2、酢、粉唐辛子、塩少々を入れて混ぜ、20分ほどおいて味をなじませる。

3　別のボウルに牛肉、しょうゆ、アガベシロップ小さじ1/2、にんにく、ごま油を入れて軽く混ぜる。フライパンを弱火にかけて米油をひき、牛肉を入れて4〜5分炒める。

4　別のフライパンを弱火にかけて米油をひき、にんにくと韓国かぼちゃを入れて3分ほど炒め、塩で味をととのえる。同様にしいたけも炒める。

5　器にご飯を盛り、2〜4、ナムル4種、目玉焼き、コチュジャンをのせる。

韓国の人はとびっこが大好き！
たっぷりのせて、
プチプチ食感を楽しんで。

トルソッアルパッ
돌솥알밥
石焼きとびっこビビンバ

材料（1人分）

きゅうり…1/3本
パプリカ（黄）…1/2個
たくあん…5cm
かに風味かまぼこ…7本(60g)
スプラウト（ブロッコリーやだいこんなど）…少量
白菜キムチ（発酵が進んだ酸っぱいもの）…150g
とびっこ…大さじ2
砂糖…小さじ1/2
ごま油…少量
ご飯…茶碗1杯分

作り方

1 きゅうり、パプリカ、たくあんは小さめの角
切りに、かに風味かまぼこは縦半分にして薄切
りにする。キムチは粗みじん切りにしてボウル
に入れ、砂糖とごま油を加えて混ぜ、フライパ
ンでさっと炒める。

2 ビビンバ鍋にごま油をひいてご飯を入れ、ス
プラウト以外のすべての具をのせる。中火にか
けて4～5分加熱する。スプラウトをのせる。

ヤンプンビビンバッ
양푼비빔밥
家庭風ビビンバ

材料（1人分）

だいこんナムル(p113)
きゅうりナムル(p113)
ビーツナムル(p114)
エリンギナムル(p114)
ほうれん草ナムル(p115)
韓国さつま揚げの炒めもの(p116)
茎わかめの炒めもの(p118)

韓国かぼちゃの炒めもの(p119)
ツナ缶…適量
目玉焼き… 1個
ご飯…茶碗1杯分
コチュジャン…適量
ごま油…適量

作り方

器にご飯を盛り、ナムルやおかずを各適量、ツナ、目玉焼き、コチュジャンをのせる。

作りおきのおかずを何でも好きなだけどうぞ〜。

チャプチェ×ペチュコッチョリ

잡채×배추겉절이

チャプチェと
白菜の浅漬けキムチ (p92)

材料 (2人分)

韓国春雨…100g	**A** しょうゆ…小さじ1
牛肉 (1cmほどの厚みがあるもの)	アガベシロップ…小さじ1/2
…50g	ごま油…少量
にんじん…5cm	**B** しょうゆ…大さじ1
パプリカ (黄)…1/3個	アガベシロップ…大さじ1/2
玉ねぎ…1/4個	塩、ごま油…各少量
しいたけ…2個	
ほうれん草…2株	塩、ごま油…各少量
	米油…少量

作り方

1 牛肉は1cm幅に切ってボウルに入れ、**A**を加えてもみこむ。

2 にんじんとパプリカは細切り、玉ねぎとしいたけは薄切りにする。

3 ほうれん草は下ゆでして水気をしぼる。4cm長さに切り、塩とごま油で味をととのえる。

4 フライパンを弱めの中火にかけてごま油をひき、玉ねぎを炒め、塩で味をととのえる。玉ねぎが透き通ったらボウルに入れる。

5 **4**のフライパンの汚れをキッチンペーパーで拭き取り、ごま油を足してにんじんとパプリカをそれぞれ炒め、塩で味をととのえる。**4**のボウルに加える。

6 **5**のフライパンの汚れをキッチンペーパーで拭き取り、牛肉を炒め、**5**のボウルに加える。

7 沸騰した湯に春雨を入れ、袋の表示時間より1分短くゆでる。ざるにあげて流水で洗い、水気をきって別のボウルに入れ、**B**を加えてよく混ぜる。

8 **6**のボウルに**7**とほうれん草を加えて混ぜる。

9 フライパンを弱火にかけて米油をひき、**8**を入れて春雨が透明になるまで1〜2分炒める。

お祝いの日やおもてなしに
欠かせないチャプチェ。
あっさりした白菜の浅漬けキムチと
相性抜群です。

チャプチェのアレンジ

チャプチェに粉唐辛子は
実は韓国料理の
定番の組み合わせです。

辛いものが苦手な人は
ピーマンで
代用しても。

チャプチェにごぼう!?
意外な組み合わせですが
くせになるおいしさです。

콩나물잡채
コンナムルチャプチェ

豆もやしのチャプチェ

材料（1人分）

韓国春雨…100g
豆もやし…150g
薄口しょうゆ…小さじ1/2
ごま油…少量
粉唐辛子…小さじ1
A ┌ しょうゆ…大さじ1
 │ アガベシロップ…大さじ1/2
 │ 塩…少々
 └ ごま油…少量
米油…少量

作り方

1 豆もやしは下ゆでして水気をきってボウルに入れ、しょうゆとごま油を加えて混ぜる。
2 沸騰した湯に春雨を入れ、袋の表示時間より1分短くゆでる。ざるにあげて流水で洗い、水気をきって別のボウルに入れ、**A**、唐辛子粉、**1**を加えてよく混ぜる。
3 フライパンを弱火にかけて米油をひき、**2**を入れて春雨が透明になるまで1〜2分炒める。

고추잡채
コチュチャプチェ

青唐辛子のチャプチェ

材料（2人分）

韓国春雨…100g
生の青唐辛子…8〜10本
豚肉（しょうが焼き用）…100g
酒…小さじ1
塩、粗挽き黒こしょう…各少々
A ┌ しょうゆ…大さじ1
 │ アガベシロップ…大さじ1/2
 │ 塩…少々
 └ ごま油…少量
米油…少量

作り方

1 豚肉は1cm幅に切ってボウルに入れ、酒、塩、黒こしょうを加えてもみこむ。
2 青唐辛子はヘタを取り、縦に半分切って種を取り除き、縦に細切りにする。
3 沸騰した湯に春雨を入れ、袋の表示時間より1分短くゆでる。ざるにあげて流水で洗い、水気をきって別のボウルに入れ、**A**を加えてよく混ぜる。
4 フライパンを中火にかけて米油をひき、**1**を炒める。豚肉の色が変わったら青唐辛子を加えてさっと炒め、塩で味をととのえる。**3**のボウルに加えてよく混ぜる。フライパンに戻して、春雨が透明になるまで弱火で1〜2分炒める。

우엉잡채
ウオンチャプチェ

ごぼうのチャプチェ

材料（2人分）

韓国春雨…100g
ごぼう…1本(120g)
えごま油…小さじ1/2
しょうゆ…大さじ1と1/2
砂糖…大さじ1/2
アガベシロップ…大さじ1/2
水…1カップ
A ┌ しょうゆ…大さじ1
 │ アガベシロップ…大さじ1/2
 │ 塩…少々
 │ ごま油…少量
 └ 水…1カップ
米油…少量

作り方

1 ごぼうは5cm長さに切ってせん切りにする。水に5分ほどつけ、ざるにあげて水きりする。
2 鍋を弱火にかけてえごま油をひき、ごぼうをさっと炒める。しょうゆ、砂糖、アガベシロップ、水を加え、さらに水分がなくなるまで炒める。
3 沸騰した湯に春雨を入れ、袋の表示時間より1分短くゆでる。ざるにあげて流水で洗い、水気をきってボウルに入れ、**A**を加えてよく混ぜる。
4 **3**に**2**を加えて混ぜる。
5 フライパンを弱火にかけて米油をひき、**4**を入れて春雨が透明になるまで1〜2分炒める。

<ruby>보<rt>ポッサム</rt></ruby><ruby>쌈<rt></rt></ruby> × <ruby>쟁반국수<rt>チェンバンククス</rt></ruby>

ポッサムと
チェンバングクス

うまみと甘みがぎゅっと詰まった
ゆでた豚肉料理のポッサム。
韓国では皮付き肉を使用するのが一般的です。
ポッサム屋さんでは、必ず麺料理の
チェンバングクスがついてきます。

ポッサム

材料（作りやすい分量）

豚バラかたまり肉…500g
A 長ねぎ(青い部分)…1本分
　　玉ねぎ…1/2個
　　にんにく…1かけ
　　しょうが…1かけ
　　テンジャン…大さじ1
　　ローリエ…1枚
えごまの葉、サニーレタスなど
　包む用の葉野菜…適量
サムジャン(p135)…適量

作り方

1 バットにキッチンペーパーを敷いて豚肉をのせ、
　1時間ほどおいて血抜きをする。
2 鍋にたっぷりの水、**1**、**A**を入れて強火にか
　ける。
3 沸騰したら弱火にして40分ほど煮て、肉を取
　り出す。乾かないように煮汁に浸したキッチン
　ペーパーをかけて、粗熱をとる。
4 食べやすい大きさに切って器に盛り、葉野菜と
　サムジャンを添える。

チェンバングクス

材料（1人分）

そば…1束(100g)
キャベツ…1/6個
にんじん…5cm
きゅうり…5cm
サニーレタス…2枚
【たれ】
　しょうゆ…大さじ2
　粉唐辛子…大さじ2
　酢…大さじ1
　アガベシロップ…大さじ1
　白ごま…少量
　りんごジュース(果汁100％)
　　…大さじ1
　マスタード(好みで)
　　…小さじ1/2

作り方

1　キャベツ、にんじん、きゅうりはせん切りにし、サニーレタスは食べやすい大きさにちぎる。

2　たれの材料を混ぜる。

3　そばは袋の表示どおりにゆで、ざるにあけて流水で洗い、水気をきる。器に盛り、**1**を添え、たれをかける。

サムギョッサル　　　パムチム
삼겹살×파무침

サムギョプサルと
ねぎキムチ (p96)

ただ焼くだけなのに
豚肉のうまみが炸裂するサムギョプサル。
キッチンバサミでザクザク切って、
さらにジュッと焼きます。
豚肉の脂を吸い込んだキムチがまた美味！
つけ合わせのねぎキムチを一緒に巻いてどうぞ。

サムギョプサル

材料（2〜3人分）

豚バラ肉(厚め)…500g
天日塩、粗挽き黒こしょう…各少々
白菜キムチ(発酵が進んだ酸っぱいもの)…適量
えごまの葉、サニーレタスなど
　包む用の葉野菜…適量
サムジャン(p135)…適量

作り方

1　フライパンを弱めの中火にかけて豚肉を
　　並べ入れ、天日塩と黒こしょうをふる。
2　フライパンの端にキムチを入れる。
3　肉の表面に肉汁が浮かんできたらひっく
　　り返し(キムチはときどき上下を返す)、ト
　　ングなどで肉をつかみ、キッチンバサミ
　　で食べやすい大きさに切って、さらに両
　　面をよく焼く。葉野菜に肉とキムチをの
　　せてサムジャンをつけ、包んで食べる。

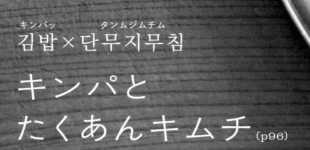

김밥×단무지무침
キンパッ　タンムジムチム

キンパと
たくあんキムチ (p96)

遠足の日にはこれ一択！
端からではなく、
2等分してから切ると、均等な大きさに。
よき相棒は、ポリポリ食感の
たくあんキムチで決まり。

キンパ

材料（2本分）

温かいご飯…300g
焼きのり（全形・21×19cm）…2枚
ごま油、塩…各小さじ1/3
【具材】
　にんじん…5cm
　たくあん（5mm角の棒状に切ったもの）
　　…2本
　かに風味かまぼこ…3本
　卵…1個
　きんぴらごぼう（p29ごぼうのチャプチェ
　　作り方1、2）…適量
　ほうれん草…3株
塩…少々
ごま油…適量
米油……少量

作り方

1　にんじんはせん切りする。フライパンを弱火にかけて米油をひき、にんじんを入れて塩をふって3〜5分炒める。

2　かに風味かまぼこは縦半分に切る。ほうれん草は下ゆでして、根元を縦半分に切って分け、水気をしっかりしぼって塩とごま油で味をととのえる。

3　卵を溶きほぐし、塩を加えて混ぜる。フライパンを中火にかけて米油をひき、卵液を流し入れて焼く。取り出して、縦1cm幅に切る。

4　ご飯にごま油と塩を混ぜる。

5　のり1枚にごはん半量をのせて全体に広げる。たくあん、1〜3、きんぴらごぼうを半量ずつのせ、具材をつかむように全体を両手で支えながら、手前から巻く（a）。もう1本も同様に作る。

6　のり全体にごま油をはけで塗る。包丁（パン切り包丁が切りやすい）で食べやすい大きさに切る。

037

キンパのアレンジ

作りおきのちりめんじゃこと
くるみの炒めものを巻いた
ちりめんじゃこキンパ。

全州（チョンジュ）の名物、
にんじんキンパは
にんじんナムルをたっぷり巻いて
彩りもきれい。

肉をぎっしり巻いた
食べごたえ満点の
プルコギキンパ。

タングンキンパッ
당근김밥

にんじんキンパ

材料（2本分）

温かいご飯…300g
焼きのり（全形・21×19cm）…2枚
ごま油…小さじ1/3
塩…小さじ1/3
【具材】
　にんじんナムル（p115）…適量
　卵…1個
塩…少々
米油…少量
ごま油…適量

作り方

1　卵を溶きほぐし、塩を加えて混ぜ
　　る。フライパンを中火にかけて米
　　油をひき、卵液を流し入れて焼く。
　　取り出して、縦1cm幅に切る。
2　ご飯にごま油と塩を混ぜる。
3　のり1枚にご飯半量をのせて全体
　　に広げる。にんじんナムルと1を
　　半量ずつのせ、具材をつかむよう
　　に全体を両手で支えながら、手前
　　から巻く。もう1本も同様に作る。
4　のり全体にごま油をはけで塗る。
　　包丁（パン切り包丁が切りやすい）
　　で食べやすい大きさに切る。

멸치김밥 ミョルチキンパッ
ちりめんじゃこキンパ

材料（2本分）

温かいご飯…300g
焼きのり（全形・21×19cm）
　…2枚
ごま油…小さじ1/3
塩…小さじ1/3

【具材】
　ちりめんじゃことくるみの炒めもの
　　（p124）…適量
　たくあん（5mm角の棒状に切ったもの）
　　…2本
　ほうれん草…3株
塩…少々
ごま油…適量
米油……少量

作り方

1 ほうれん草は下ゆでして、根元を縦半分に切って分け、水気をしっかりしぼって塩で味をととのえる。
2 ご飯にごま油と塩を混ぜる。
3 のり1枚にご飯半量をのせて全体に広げる。ちりめんじゃことくるみの炒めもの、たくあん、1を半量ずつのせ、具材をつかむように全体を両手で支えながら、手前から巻く。もう1本も同様に作る。
4 のり全体にごま油をはけで塗る。包丁（パン切り包丁が切りやすい）で食べやすい大きさに切る。

김밥전 キンパジョン
翌日の焼きキンパ

材料（1本分）

冷蔵庫に入れた冷たいキンパ
　（p37-39のどれでもOK）…1本
溶き卵…1個分
米油…少量

作り方

1 キンパを食べやすい大きさに切って、両面に溶き卵をつける。
2 フライパンを弱めの中火にかけて米油をひき、1を入れて両面3〜4分ずつ焼く。

불고기김밥 プルコギキンパッ
プルコギキンパ

材料（2本分）

温かいご飯…300g
焼きのり（全形・21×19cm）…2枚
ごま油…小さじ1/3
塩…小さじ1/3
【具材】
　プルコギ（p42）…適量
　にんじん…5cm
　たくあん（5mm角の棒状に切ったもの）…2本
　かに風味かまぼこ…3本
　ほうれん草…3株
塩…少々
ごま油…適量
米油……少量

作り方

1 にんじんはせん切りする。フライパンを弱火にかけて米油をひき、にんじんを入れて塩をふって3〜5分炒める。
2 かに風味かまぼこは縦半分に切る。ほうれん草は下ゆでして、根元を縦半分に切って分け、水気をしっかりしぼって塩とごま油で味をととのえる。
3 ご飯にごま油と塩を混ぜる。
4 のり1枚にご飯半量をのせて全体に広げる。プルコギ、たくあん、1、2を半量ずつのせ、具材をつかむように全体を両手で支えながら、手前から巻く。もう1本も同様に作る。
5 のり全体にごま油をはけで塗る。包丁（パン切り包丁が切りやすい）で食べやすい大きさに切る。

양념치킨（ヤンニョムチキン）× **치킨무**（チキンム）

ヤンニョムチキンと
だいこんの甘酢漬け

韓国の国民食にまで成長したと
言ってもいいでしょう。
フライドチキンは、韓国の人の大好物！
甘辛のヤンニョムをからめたチキンは
食べ始めたら止まらなくなる
あと引くおいしさ。
だいこんの甘酢漬けを箸やすめに。

ヤンニョムチキン

材料 (2人分)

鶏もも肉…2枚

A おろししょうが…小さじ1/3
　　おろしにんにく…小さじ1/2
　　塩…小さじ1
　　粗挽き黒こしょう…小さじ1/3
　　砂糖…少量

B 小麦粉…100g
　　コーンスターチ…30g
　　ベーキングパウダー…2g
　　塩…5g
　　砂糖…2g

水…1/2カップ

【たれ】
　　コチュジャン…大さじ2
　　アガベシロップ…大さじ3
　　ラー油…大さじ3
　　おろしにんにく…1/2かけ分
　　トマトケチャップ…小さじ1

ピーナッツ(粗く砕く)…大さじ1

揚げ油(米油)…適量

作り方

1　鶏肉はやや大きめに切ってボウルに入れ、混ぜた**A**をもみこんで冷蔵庫に一晩おき、下味をつける。

2　別のボウルに、混ぜた**B**50gと水を入れて衣液を作る。

3　小鍋にたれの材料を入れて強火にかけて混ぜ、沸騰したら火を止めてさらに別のボウルに入れる。

4　**1**の鶏肉を**2**につけ、残りの**B**をまんべんなくまぶす。

5　深めのフライパンに揚げ油を入れて弱めの中火にかける。油が165℃くらいになったら**4**を入れ、3分ほどそのままにし、静かに上下を返してさらに1〜2分ほど揚げ、取り出す。

6　油の温度を180℃くらいに上げて**5**をもどし入れ、カリッとするまで2〜3分ほど揚げる。取り出して油をきり、**3**のボウルに入れてたれをからめる。器に盛り、ピーナッツを散らす。

だいこんの甘酢漬け

材料 (作りやすい分量)

だいこん…3cm

A 水…180mℓ
　　酢…90mℓ
　　砂糖…90g
　　塩…小さじ1/2

作り方

1　だいこんは1cmの角切りにする。

2　鍋に**A**を入れて強火にかけて混ぜ、砂糖を溶かす。

3　保存容器に**1**を入れ、熱々の**2**をかけて冷ます。粗熱がとれたら冷蔵庫に3時間おき、味をなじませる。

<ruby>불고기<rt>プルコギ</rt></ruby>

プルコギ

りんごで肉を
やわらかくするのが
おいしさの秘訣！
えごまの葉やサニーレタスなど
好きな葉野菜に包んで
召し上がれ。

材料（2〜3人分）

牛切り落とし肉…500g

玉ねぎ…1/2個

にんじん…1/4本

しいたけ…2個

A おろしにんにく…1/2かけ分

りんごジュース（果汁100％）…大さじ3
（りんごのすりおろしなら1/5個分）

アガベシロップ…大さじ1と1/2

みりん…大さじ2

しょうゆ…大さじ3

水…大さじ1

ごま油…大さじ1

粗挽き黒こしょう…少々

米油…少量

えごまの葉、サニーレタスなど包む用の葉野
菜…適量

作り方

1 牛肉は大きければ食べやすい大きさに切ってボウルに入れ、混ぜた**A**をもみこんで20分ほどおき、味をなじませる。

2 玉ねぎはとしいたけは薄切り、にんじんは縦半分に切って半月切りにする。

3 フライパンを弱火にかけて米油をひき、**1**を入れ、肉の色が変わるまで炒める。

4 肉に火が通ったら、**2**を加えて野菜がしんなりするまで5分ほど炒める。器に盛り、葉野菜を添える。

プルコギのアレンジ

あつあつトゥッペギや土鍋でいただく
プルコギ鍋は春雨を加えた
韓国版すき焼き。

a

トゥッペギプルコギ
뚝배기불고기
トゥッペギプルコギ

材料（2～3人分）

牛切り落とし肉…400g
玉ねぎ…1/4個
長ねぎ…5cm
にんじん…1cm
えのきだけ…60g
韓国春雨…30g
煮干しだし…1カップ
塩…少々
A　おろしにんにく…1/2かけ分
　　りんごジュース（果汁100％）…大さじ3
　　　（りんごのすりおろしなら1/5個分）
　　アガベシロップ…大さじ1と1/2
　　みりん…大さじ2
　　しょうゆ…大さじ3
　　水…大さじ1
　　ごま油…大さじ1
　　粗挽き黒こしょう…少々
米油…少量

作り方

1　牛肉は大きければ食べやすい大きさに切って
　　ボウルに入れ、混ぜたAをもみこんで20分
　　ほどおき、味をなじませる。

2　玉ねぎは薄切り、長ねぎは斜め薄切り、にん
　　じんは半月切り、えのきは石づきを切り落と
　　す。

3　春雨はたっぷりの水に20分ほどつけてもど
　　し（a）、水気をきる。

4　鍋を弱火にかけて米油をひき、1を入れて色
　　が変わるまで炒める。だしと2を加え、強火
　　にする。

5　沸騰したら火を弱め、3を加えてひと煮立ち
　　させ、塩で味をととのえる。

닭갈비 × 주먹밥
タッカルビ
チュモッパ

タッカルビと
チュモッパ

鶏肉をコチュジャンベースのたれで焼いたタッカルビ。
チーズを加えてマイルドにすれば、
人気のチーズタッカルビに。
一緒に作るひと口おにぎりのチュモッパ、
韓国では片手でにぎりながら食べるのが本流です。

タッカルビ

材料（3〜4人分）

鶏もも肉…500g
キャベツ…1/6個
さつまいも…1/3本
トック（あれば）…5本
えごまの葉…10枚
A｜コチュジャン…大さじ3
　｜粉唐辛子…大さじ2
　｜酒…大さじ2
　｜しょうゆ…大さじ2
　｜アガベシロップ…大さじ2
　｜おろししょうが…少量
　｜おろしにんにく…1/3かけ分
　｜粗挽き黒こしょう…少々
　｜塩…少々
米油…少量

作り方

1　鶏肉は食べやすい大きさに切る。さつまいもは縦半分に切って3mm厚さに切り、キャベツはざく切りにする。えごまの葉はちぎる。
2　1の鶏肉をボウルに入れ、混ぜたAをもみこんで20分ほどおき、味をなじませる。
3　フライパンを弱火にかけて米油をひき、2を入れて肉の色が変わるまで5分ほど炒める。鶏肉に火が通ったら、さつまいも、キャベツ、トックを入れて8〜10分炒める。
4　野菜がしんなりして全体によくなじんだら、えごまの葉を散らす。

チュモッパ

材料（1人分）

温かいご飯…茶碗1杯分
白菜キムチ（p100）…50g
味付けのり…5枚
白ごま…大さじ1

作り方

1　キムチはさっと洗って水気をしぼり、みじん切りにする。
2　味付けのりはキッチンバサミで小さく切る。
3　ボウルにご飯を入れ、1、2、ごまを加えて混ぜ、ひと口サイズに握る。

タッカルビのアレンジ

あと引くおいしさで、
手が止まらなくなる
手羽中タッカルビ沼に
ようこそ！

<ruby>닭갈비윙<rt>タッカルビウイング</rt></ruby>
手羽中タッカルビ

材料（4人分）

鶏手羽中…900g
おろしにんにく…1/2かけ分
塩…少々
A ┌ コチュジャン…大さじ3
　　├ 粉唐辛子…大さじ1と1/2
　　├ はちみつ…大さじ3
　　├ しょうゆ…大さじ2
　　└ みりん…大さじ1/2
ごま油…適量

作り方

1　バットに手羽中を入れ、にんにくと塩をからめて10分ほどおき、下味をつける。
2　ボウルに**A**を入れて混ぜ、**1**を加えてもみこんで20分ほどおき、味をなじませる。オーブンを200℃に予熱する。
3　オーブンシートを敷いた天板に**2**を並べてごま油をかけ、オーブンで15分焼く。

誕生日に欠かせない
わかめスープ

わかめは産後に伸びた子宮を収縮させ、
母乳を出やすくするヨウ素が多く含まれているといわれています。
そのため韓国では産後21日間、わかめスープを飲むならわしがあります。
そのことから、誕生日には母親への感謝の気持ちを込めて
わかめスープを飲む習慣があるのです。

ミヨッククク
미역국

わかめスープ

材料（4人分）

わかめ（生）…100g
干ししいたけ…2個
干ししいたけのもどし汁…全量
煮干しだし…3カップ
薄口しょうゆ…大さじ1
天日塩…少々
えごま油…大さじ1/2

作り方

1　干ししいたけは水2カップでもどし（もどし汁はとっておく）、しぼって薄切りにする。わかめは食べやすい大きさに切る。
2　フライパンを弱火にかけ、えごま油を熱して**1**のわかめを入れて炒める（**a**）。全体に油がなじんだら、**1**のしいたけと薄口しょうゆを加えて軽く炒める。
3　煮干しだし、**1**のもどし汁、塩を加えて強火にする。沸騰したら蓋をして弱火で30分ほど煮る。
4　塩で味をととのえる。

2章

主役になる
一品料理

鍋料理、あえもの、揚げもの、炒めものなど
韓国の人たちが大好きで、
食卓で主役になるメニューを選びました。
やさしい味わいのサムゲタンやえごまスープから
ピリ辛のタットリタンまで、いろんなおいしさを楽しんで。

丸鶏を使わなくても
骨付きもも肉で手軽に作れますが
味は本格派です。

カンタンサムゲタン
간단삼계탕
簡単サムゲタン

材料（2人分）

骨付き鶏もも肉… 1本
にんにく… 1かけ
しょうが… 1かけ
干しなつめ… 2個
長ねぎ（青い部分）… 1本分
もち米… 70g
水… 3カップ
塩… 適量

作り方

1 鶏肉は塩小さじ1をふって冷蔵庫に2時間
　〜一晩おいて下味をつける。
2 もち米を洗って1時間ほど水につけ、ざる
　にあげる。
3 鍋に1、2、にんにく、しょうが、なつめ、
　長ねぎ、水を入れて強火にかけ、沸騰した
　らアクをとる。蓋をして弱火で30分ほど
　煮る。途中で汁が少なくなったら水を足す。
4 塩で味をととのえる。

순두부찌개
純豆腐チゲ

材料（作りやすい分量）

絹ごし豆腐…1丁(300g)
あさりまたは牡蠣など好みの貝類
　…適量
長ねぎ…10cm
玉ねぎ…1/4個
煮干しだし…250㎖
粉唐辛子…大さじ2
オイスターソース…大さじ1
薄口しょうゆ…大さじ1と1/2
米油…大さじ1

作り方

1　長ねぎはみじん切り、玉ねぎは粗みじん切りにする。
2　鍋を弱火にかけ、米油を熱してねぎを入れ、じっくり炒める。玉ねぎを加えて炒め、玉ねぎがしんなりしたら粉唐辛子を加える。焦げやすいので注意する。
3　オイスターソースと薄口しょうゆを加えて軽く混ぜ、だしを加える。
4　沸騰したら火を少し弱めて、貝類を入れる。貝の口が開いたら、豆腐を大きめにちぎって入れ温める。

長ねぎをじっくり炒めるのがポイント。
貝類の代わりに豚肉を使っても。

タッカンマリは
「鶏一羽」の意味ですが、
手軽に作れる
ぶつ切り肉を使用します。

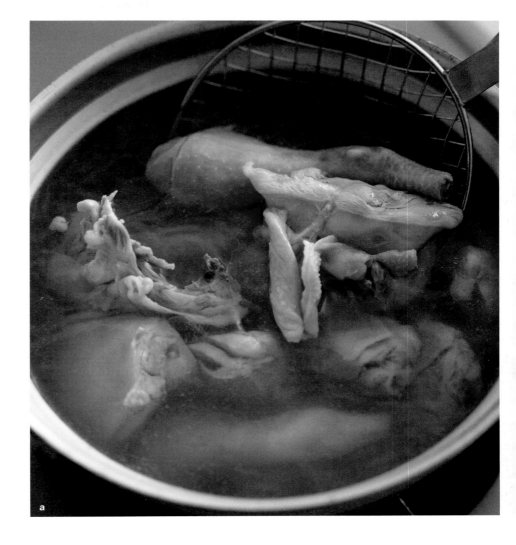

a

닭한마리

タッカンマリ

材料（4人分）

水炊き用鶏肉
　…700g
にんにく…2かけ
長ねぎ…1本
じゃがいも（メークイン）
　…1個
トック…10個
にら…100g
塩…小さじ1
水…適量

【たれ】

粉唐辛子…大さじ4
しょうゆ…大さじ3
酢…大さじ2
梅シロップ
　…大さじ1
おろしにんにく
　…1/2かけ分
マスタード
　…小さじ1/2

作り方

1　鶏肉は塩をふって冷蔵庫に2時間〜一晩おいて下味をつける。
2　沸騰した湯に鶏肉を入れて3分ほど煮て下ゆでし（a）、ざるにあげて流水で洗う。
3　鍋に鶏肉、鶏肉がかぶるほどの水、にんにく、長ねぎ（青い部分）を入れて強火にかけ、沸騰したらアクをとる。蓋をして弱火で30〜40分煮る。
4　じゃがいもは1cm幅に、ねぎ（白い部分）は4cm長さに切って縦半分に、にらは4cm長さに切る。
5　3の鍋のねぎを取り出し、トックと4を加えて具材がやわらかくなるまで煮る。たれの材料を混ぜて添える。

골뱅이무침
つぶ貝のあえもの

材料（2人分）

つぶ貝（塩水で砂抜きする）…180g
きゅうり…1/2本
キャベツ…1/6個
A ┌ 粉唐辛子…大さじ1
　　│ しょうゆ…大さじ1/2
　　│ 酢…大さじ1
　　│ アガベシロップ…大さじ1
　　│ おろしにんにく…少量
　　│ ごま油…大さじ1/2
　　│ コチュジャン…大さじ1
　　└ 梅シロップ…大さじ1
三つ葉（あれば）…適量
そうめん… 2束(100g)

作り方

1 きゅうりとキャベツはせん切り、三つ葉は葉先をちぎる。

2 沸騰した湯につぶ貝を入れて3分ほどゆで、殻から出し、食べやすい大きさに切る。

3 沸騰した湯にそうめんを入れ、袋の表示どおりの時間ゆでる。ざるにあげて流水で洗い、水気をきる。

4 ボウルに**A**、**1**、**2**を入れてよく混ぜ、器に盛り、**3**を添える。

韓国の人がよく食べる
つぶ貝料理と言ったらこれ！
好みでそうめんを添えてどうぞ。

お祝いの日やおもてなしに
欠かせないジョン。
油はやや多めに、弱火でじっくり焼くのが
サクサクに仕上げるコツ。

모둠전
（モドゥムジョン）

ジョンの盛り合わせ

材料（2〜3人分）

【春菊のジョン】
春菊…70g
れんこん…5cm
小麦粉…40g
水…50㎖
塩…少々
米油…適量

【牡蠣のジョン】
牡蠣…200g
A ┃ しょうゆ…小さじ1
┃ ごま油…小さじ1/2
┃ 黒こしょう…少々
小麦粉、溶き卵…各適量
米油…適量

【韓国かぼちゃのジョン】
韓国かぼちゃ（ズッキーニでも可）
　…1本
塩…少々
小麦粉、溶き卵…各適量
米油…適量

【しいたけのジョン】
しいたけ（小）…4個
挽き肉…450g
にんじん（みじん切り）…1cm分
長ねぎ（みじん切り）…少量
B ┃ しょうゆ…小さじ1/2
┃ アガベシロップ…少量
┃ 塩…少々
小麦粉、溶き卵…各適量
米油…適量

作り方

1　春菊のジョンを作る。春菊は食べやすい長さ、れんこんは3mm厚さに切る。ボウルに小麦粉、塩、水を入れよく混ぜ、春菊を加えて全体にからめる。フライパンを弱めの中火にかけて米油をひき、春菊を山盛り大さじ1ずつ落とす。その上にれんこんをのせ、両面に焼き色がつくまで焼く。

2　牡蠣のジョンを作る。牡蠣は洗って水気を拭き取り、**A**で下味をつけて30分以上おく。バットなどに牡蠣を並べて汁気を軽く拭き取り、小麦粉を全体にまぶして軽く叩き、溶き卵をからめる。フライパンを弱火にかけて米油をひき、牡蠣を両面焼く。

3　韓国かぼちゃのジョンを作る。かぼちゃを5mm厚さに切ってバットに並べる。両面に塩を軽くふって（**a**）、表面に水分が出てきたらキッチンペーパーで拭き取る。小麦粉を全体にまぶして軽く叩き、溶き卵をからめる。フライパンを弱火にかけて米油をひき、かぼちゃを両面焼く。

4　しいたけのジョンを作る。ボウルに挽き肉、にんじん、長ねぎ、**B**を入れてよく混ぜる。しいたけは軸を切り落とす。しいたけの内側に小麦粉をまぶして軽く叩き、肉だねを詰める。小麦粉を肉だねの部分にだけまぶし、よく叩いて小麦粉がついている部分だけに溶き卵をつける。フライパンを弱火にかけて米油をひき、肉だねを下にして5分ほど焼き、ひっくり返してさっと焼く。粗熱がとれたら半分に切る。

辛さのなかに、ります。

オサムブルコギ
오삼불고기

いかと豚肉の炒めもの

材料（2人分）

豚バラ肉…250g
いか… 1杯
玉ねぎ…1/2個
A きび砂糖…大さじ1
コチュジャン…大さじ3
しょうゆ…大さじ1
ごま油…大さじ1
おろししょうが…少量
おろしにんにく…1/3かけ分
粉唐辛子…大さじ1
粗挽き黒こしょう…少々
米油…適量

作り方

1　豚肉は4cm幅に切る。いかは下処理をして開き、縦半分に切って1cm幅に切る。足は2本ずつに切り分ける。玉ねぎは5mm幅に切る。

2　ボウルに豚肉と**A**を入れて混ぜ、20分ほどおいて味をなじませる。

3　フライパンを弱めの中火にかけて米油をひき、**2**を炒める。水（分量外）を少し加え、焦がさないように5分ほど炒める。

4　玉ねぎといかを加え、玉ねぎがしんなりするまでさらに5〜7分炒める。

소세지야채볶음
ソセジヤチェボックム

ウインナーソーセージと野菜の炒めもの

材料（2人分）

ウインナーソーセージ…5本
玉ねぎ…1/2個
ピーマン(小)…4個
A ┃ コチュジャン…大さじ1
　　┃ トマトケチャップ
　　┃ 　…大さじ1と1/2
　　┃ オイスターソース…小さじ1
　　┃ アガベシロップ…大さじ1
　　┃ しょうゆ…小さじ1
米油…適量

作り方

1　玉ねぎは食べやすい大きさに切り、ピーマンは乱切りにする。
2　ウインナーは斜め半分に切って切れ目を入れ、熱湯で2分ほどゆでる。
3　フライパンを中火にかけて米油をひき、玉ねぎを炒める。透き通ってきたら、ウインナーとピーマンを加えて2分ほど炒め、混ぜ合わせた**A**を加えて全体にからめる。

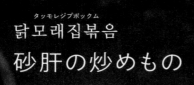

タッモレジブポックム
닭모래집볶음

砂肝の炒めもの

材料（2人分）

鶏砂肝…200g
にんにく … 2かけ
にんにくの芽…30g
生の青唐辛子（あれば）
　　…1本
塩…小さじ1/3
魚醤…大さじ1
水…50㎖
ごま油…適量
白ごま…少量
米油…適量

作り方

1　砂肝は半分に切って5mm厚さに切る。にんにくは縦半分に切って芯を取り除いて薄切りにする。ボウルに砂肝、にんにく、塩を入れてよく混ぜ、冷蔵庫に一晩おいて下味をつける。
2　にんにくの芽は3〜4cm長さに、唐辛子は輪切りにする。
3　フライパンを弱火にかけて米油をひき、1を炒める。砂肝の色が変わったら魚醤を加えて全体にからめる。
4　にんにくの芽と水を加えて軽く炒めたら蓋をし、ときどき揺すりながら2〜3分蒸し焼きにする。
5　唐辛子を加え、水分を飛ばしながら炒める。ごま油と白ごまを加えてざっと混ぜ、火を止める。

韓国では屋台や居酒屋の定番メニュー。
砂肝がかたくならないよう、
弱火で炒めるのがポイントです。

갈비찜
カルビチム
<small>カルビチム</small>

材料（2人分）

豚スペアリブまたはバックリブ
　（できれば半分に切ってもらったもの）…600g
梨またはりんご…1/2個
だいこん…6cm
にんじん…1/2本
生の栗（あれば）…3個
おろしにんにく…1かけ分
おろししょうが…1/2かけ分
A アガベシロップ…大さじ1/2
　　しょうゆ…40㎖
　　みりん…大さじ1
　　粗挽き黒こしょう…少々
　　梅シロップ…大さじ1
　　ごま油…大さじ1/2
水…100㎖

作り方

1 沸騰した湯にスペアリブを入れ、3分ほど下
ゆでしてざるにあげ、流水で表面を洗う。

2 梨はすりおろす。鍋に**1**、梨、にんにく、し
ょうがを入れて、冷蔵庫に1時間〜一晩おい
て下味をつける。

3 だいこんとにんじんは3cm厚さに切って4
等分にし、面取りする。栗は皮と渋皮をむく。

4 **2**の鍋に**A**と水を加え、強火にかける。

5 沸騰したらアクをとって弱めの中火にする。
蓋をして40分ほど煮る。だいこん、にんじん、
栗を加えてさらに20分ほど煮る。

お正月などハレの日の料理です。
お祝い用にふさわしく、
野菜は面取りして丁寧に仕上げます。

スパムやソーセージなどの
肉加工品とラーメンを入れた
ボリューム満点、パンチのある鍋！

<ruby>부대찌개<rt>プデチゲ</rt></ruby>

プデチゲ

材料（2人分）

トック（薄いタイプ）…50g

マカロニ…20g

スパム…1/3缶

ウインナーソーセージ…2本

合い挽き肉…50g

長ねぎ…10cm

豆もやし…50g

白菜キムチ…40g

ベイクドビーンズ…大さじ2

インスタントラーメン（スープ不要）…1袋

A | 粉唐辛子…大さじ2
  | コチュジャン…大さじ1
  | しょうゆ…大さじ1
  | おろしにんにく…1/2かけ分

B | 牛骨スープ（なければ煮干しだし）…3カップ
  | 水…2カップ

作り方

1 長ねぎとウインナーは斜め薄切り、スパムは縦半分に切って横に薄切り、白菜キムチは食べやすい大きさに切る。

2 浅めの鍋に **1**、インスタントラーメン以外の具材、**A** を入れる。**B** を注ぎ（**a**）、強火にかける。

3 インスタントラーメンは袋のまま4等分に割ってから取り出し、**2** が沸騰したら入れ、袋の表示どおりの時間煮る（**b**）。

薄くぺたんこにして
焼いた餃子は、
野菜をのせて食べるのに
バランスが絶妙です。

비빔만두
(ビビンマンドゥ)

ビビン餃子

材料（20個分）

【餃子の具】
- 豚挽き肉…300g
- 長ねぎ（小口切り）…10cm分
- にら（小口切り）…5本分
- おろししょうが…1/2かけ分
- おろしにんにく…1/2かけ分
- しょうゆ…大さじ1/2
- オイスターソース…小さじ1
- ごま油…大さじ1/2
- 粗挽き黒こしょう…少々
- 塩…少々

【添える野菜】
- キャベツ…1/8個（100g）
- きゅうり…1/2本
- りんご…1/6個
- えごまの葉…10枚

A
- コチュジャン…大さじ1と1/2
- 酢…大さじ1
- アガベシロップ…大さじ1
- 梅シロップ…小さじ1
- ごま油…小さじ1/2

餃子の皮…20枚
米油……適量

作り方

1 ボウルに餃子の具のすべての材料を入れてよく混ぜ、冷蔵庫に20分おいてなじませる。

2 キャベツ、きゅうり、りんご、えごまの葉はせん切りにする。

3 餃子の皮に1を小さじ1ずつのせて皮の縁半分に水をつけ、半分に折る。縁をくっつけながら、具が薄くなるように手のひらで押す（a）。

4 フライパンを弱めの中火にかけて米油をやや多めにひき、餃子を並べる。両面に焼き色がつくまで揚げ焼きにして、器に盛る。

5 ボウルに2とAを入れてよく混ぜ、4に添える。

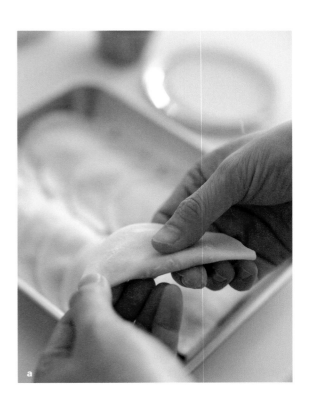

a

骨付き肉から出る
だしが絶品の
鶏肉とじゃがいもの鍋。

<ruby>닭매운탕<rt>タッメウンタン</rt></ruby>

タットリタン

材料（4人分）

水炊き用鶏肉…800g
じゃがいも（メークイン）…2個
にんじん…1/2本
玉ねぎ…1/2個
長ねぎ…10cm
水…600〜700㎖
A コチュジャン…大さじ3
　　粉唐辛子…大さじ4
　　おろしにんにく…1かけ分
　　アガベシロップ…大さじ3
　　しょうゆ…大さじ3
　　粗挽き黒こしょう…少々
　　玉ねぎ（すりおろす）…1/2個分

作り方

1 沸騰した湯に鶏肉を入れて3分ほど下ゆでし、ざるにあげて流水で洗う。

2 じゃがいも、にんじん、玉ねぎはやや大きめの乱切り、長ねぎは斜め切りにする。

3 鍋に**1**を入れ、よく混ぜた**A**をからめて20分ほどおいてなじませる。

4 **3**の鍋に水を加えて強火にかける。沸騰したらアクをとり、蓋をして弱火で20分煮る。じゃがいも、にんじん、玉ねぎを加えて蓋をし、10分煮る。じゃがいもがやわらかくなったら、ねぎを加えてひと煮立ちさせる。

コドゥンオチョリム

고등어조림
さばの煮付け

材料（4人分）

さば（2～3枚におろしたもの）… 1尾分
だいこん… 6cm
玉ねぎ… 1/2個
長ねぎ… 1本
A｜しょうゆ…大さじ3
　　｜粉唐辛子…大さじ1と1/2
　　｜アガベシロップ…大さじ1
　　｜酒…大さじ1
　　｜おろしにんにく…1/3かけ分
ごま油…少量

作り方

1　さばは3等分にする。だいこんは1cm幅に切り、10分ほど下ゆでする。玉ねぎは薄切り、長ねぎは5cm幅に切って縦半分に切る。
2　鍋にだいこんを並べ、その上にさば、玉ねぎ、ねぎをのせ、だいこんがひたるぐらいの水を加える。混ぜ合わせたAをまわし入れて強火にかける。
3　沸騰したら蓋をして弱火で20分ほど煮る。ごま油を加えてひと煮立ちさせる。

韓国の国民食のひとつ。
ご飯泥棒、間違いないです！

えごまパウダーの
やさしいスープ。
韓国では朝ごはんや
風邪気味のときに
よく食べます。

들깨탕
トゥルケタン

えごまスープ

材料（2人分）

里芋… 3個(170g)
しめじやまいたけなど
　好みのきのこ…150g
ごぼう…1/3本
れんこん… 2〜3cm
煮干しだし… 3カップ
薄口しょうゆ…小さじ1
えごまパウダー…大さじ4
米粉…大さじ2
塩…少々

作り方

1　沸騰した湯に里芋を入れて 5〜6分ほど（大きさによる）下
　　ゆでし、皮をむいて食べやすい大きさに切る。きのこは石
　　づきを落として食べやすい大きさに切り、ごぼうは斜め薄
　　切り、れんこんは薄い半月切りにする。
2　鍋にだしを入れて強火にかけ、沸騰したら 1 を入れて 3〜
　　4分ほど煮て、薄口しょうゆを加える。
3　ボウルにえごまパウダーと米粉を入れて混ぜ、2 の汁1/2
　　カップを加えて、ダマにならないようによく溶かす（a）。
4　3 を鍋にもどし入れて（b）、2分ほど煮る。とろみがつい
　　たら、塩で味をととのえる。

3章

一品で満足する
ご飯・麺

炊き込みご飯やうどん、そうめんといった
日本でもおなじみのご飯・麺料理ですが、
味はしっかり韓国流です。
これだけでお腹いっぱい、しあわせになります。

採れたての葉野菜に
ご飯と甘みそのカンデンジャンを
のせて包んで食べる、
いなかごはんの代表です。

강된장쌈밥

カンデンジャンサムパ

サムパとカンデンジャン

材料（2人分）

牛肉（挽き肉またはかたまり肉）…90g
玉ねぎ…1/4個
しいたけ…2個
長ねぎ（みじん切り）…1/2本分

A みそ…大さじ1
粉唐辛子…小さじ1
コチュジャン…小さじ1/2
アガベシロップ…小さじ1/2
水…1カップ

えごま油…大さじ1
ごま油…適量
サニーレタス、サンチュ、えごまの葉、
　からし菜など包む用の葉野菜…適量
温かい雑穀ご飯…適量

作り方

1 牛肉はかたまり肉の場合は、細かく切る。玉ねぎとしいたけは1cmの角切りにする。

2 フライパンを弱火にかけてえごま油をひき、長ねぎを入れてしんなりするまで炒める。玉ねぎを加え、玉ねぎが透き通ってきたら、牛肉としいたけを加えて3分ほど炒める。

3 混ぜ合わせた**A**を加え、とろみがつくまで弱火で煮詰める。

4 ごま油をかけて火を止め、粗熱をとる。

5 器に盛り、葉野菜と雑穀ご飯ご飯を添える。

ムパップ

무밥
だいこんご飯

材料（4人分）

だいこん… 3 cm
米… 2合
マンヌンヤンニョムジャン（p135）…
　適量

作り方

1 だいこんは1cmの角切りにする。
2 炊飯器か鍋に洗った米、だいこん、
　水2カップ弱を入れて炊く。
3 炊き上がったらよく混ぜて器に盛
　り、マンヌンヤンニョムジャンを
　のせる。よく混ぜて食べる。

味つけしないで炊いて、
たれをかけて食べるのが韓国の炊き込みご飯。
現地では、だいこんをせん切りにして作ります。
牡蠣をのせて作ることもあります。

콩나물밥
豆もやしご飯

材料（4人分）

豆もやし…130g
豚薄切り肉（ももなど）…50g
米…2合
酒…小さじ1
塩…少々
マンヌンヤンニョムジャン（p135）
　…適量

夏に食欲が落ちたときでも、不思議とパクパク食べられます！

作り方

1　豆もやしはひげ根を取る。豚肉は粗みじん切りにし、塩と酒をまぶして10分ほどおき、下味をつける。

2　炊飯器か鍋に洗った米、1、水2カップ弱を入れて炊く。

3　炊き上がったらよく混ぜて器に盛り、マンヌンヤンニョムジャンをのせる。よく混ぜて食べる。

ミヨットゥルケジュッ
미역들깨죽
わかめとえごまパウダーの粥

材料（2人分）

わかめ(生)…80g
米…100g
煮干しだし…3と1/2カップ
えごまパウダー…大さじ2
塩…少々
えごま油…大さじ1

作り方

1　米は洗って水に30分ほどつけてざるにあげ、すり鉢などで軽くつぶす。

2　わかめは食べやすい大きさに切る。

3　鍋を弱火にかけてえごま油を熱し、**1**を入れて炒める。油が全体になじんだら**2**を加えてさらに炒める。だしを加えて蓋をし、10分〜12分ほど煮る。

4　ある程度とろみがついたら、えごまパウダーを加えてよく混ぜ、塩で味をととのえる。

体調がすぐれないときは
これに限ります！

海鮮やキャベツなどの
具がたっぷりの麺。
麺なしでご飯にかけて食べたら
チャンポンバップ！

<ruby>짬뽕<rt>チャンポン</rt></ruby>

チャンポン

材料（2人分）

いか…1杯
えび…100g
玉ねぎ…1/2個
長ねぎ…1本
キャベツ…1/6個
おろしにんにく…1/2かけ分
粉唐辛子…大さじ2
細めのうどんまたは中華麺など…2玉
A 昆布…5g
　　 干しえび…5g
　　 煮干し…10g
　　 長ねぎ（青い部分）…1本分
　　 水…6カップ
B 魚醤…大さじ2
　　 薄口しょうゆ…大さじ2
塩…少々
米油…適量

作り方

1 鍋に**A**を入れて強火にかける。沸騰したらアクをとり、蓋をして弱火で15分煮る。火を止め、5分ほどおいて粗熱をとり、ざるで濾して**B**を加える。

2 いかは下処理をして開き、胴は切り込みを入れて1cm幅に切り、足は2本ずつに切り分ける。えびは背わたを取り除く。玉ねぎは薄切り、長ねぎは4～5cm長さに切って縦半分に、キャベツはざく切りにする。

3 フライパンを中火にかけて米油をひき、玉ねぎを焦がさないように炒める。玉ねぎが透き通ってきたら、キャベツ、ねぎ、にんにくを加え、さらに1分ほど炒める。全体に油がなじんだら、ごく弱火にして粉唐辛子を加えて混ぜる。

4 **1**を加えて火を強め、沸騰したらいかとえびを入れる。アクをとり、3分ほど煮て、塩で味をととのえる。

5 麺をゆでて器に盛り、**4**をかける。

<ruby>수제비<rt>スジェビ</rt></ruby>

スジェビ

材料（2人分）

A 薄力粉…50g
　　 強力粉…50g
　　 塩…小さじ1
水…60㎖
煮干しだし…3カップ
じゃがいも（メークイン）…1個
韓国かぼちゃ（ズッキーニでも可）…5cm
薄口しょうゆ…少々
塩…少々

作り方

1　ボウルに**A**を入れて混ぜ、水を加えてよくこねる。ラップをかぶせ、冷蔵庫に入れて30分ほど寝かせる。

2　じゃがいもは5mm厚さ、韓国かぼちゃは縦半分に切って5mm厚さに切る。

3　鍋にだしを入れて強火にかける。沸騰したら弱火にし、**1**の生地を手に適量とって両手で薄くのばして入れる（**a**）。

4　生地をすべて入れて、生地が浮かんできたら、じゃがいもと韓国かぼちゃを加えて3〜4分ほど煮る。薄口しょうゆと塩で味をととのえる。

a

濃いめの煮干しだしでとった韓国風すいとん。生地はところどころ厚かったり薄かったりとムラのあるほうが食感がよくなります。えごまパウダーやキムチを入れてアレンジすることも。

ビビンクス
비빔국수

ビビン麺

材料（2人分）

そうめん… 3束(150g)
きゅうり… 1/2本
ゆで卵… 1個
A | コチュジャン…大さじ1
  | 酢…大さじ1
  | しょうゆ…大さじ1/2
  | 粉唐辛子…大さじ1
  | アガベシロップ…大さじ1
  | 梅シロップ…大さじ1
  | ごま油…大さじ1/2

作り方

1 きゅうりはせん切りに、ゆで卵は縦半分に切る。
2 沸騰した湯にそうめんを入れ、袋の表示どおりの時間ゆでる。ざるにあげて流水で洗い、水気をきる。ボウルに入れて、混ぜ合わせたAを加えてよくからめる。
3 器に2を盛り、1をのせる。

韓国では、焼肉屋さんでサービスで出ることが多いメニュー。えごまの葉独特の風味がくせになります。

트ゥルギルムビビンククス
들기름비빔국수

えごま油のビビン麺

材料（1人分）

そうめん…1.5束（75g）
えごまの葉…3枚
韓国のり…10g
A｜しょうゆ…大さじ1/2
　｜薄口しょうゆ…大さじ1/2
　｜アガベシロップ…大さじ1/2
　｜酢…少量
　｜えごま油…大さじ1

作り方

1　えごまの葉はせん切り、韓国のりはポリ袋などに入れて細かくつぶす。
2　沸騰した湯にそうめんを入れ、袋の表示どおりの時間ゆでる。ざるにあげて流水で洗い、水気をきってボウルに入れる。
3　2のボウルに混ぜ合わせたAを入れてからめる。器に盛り、1をのせる。

コンは「豆」、グクスは「麺」のこと。
自家製豆乳で豆くささのない
あっさり豆乳スープがナレ流です。

콩국수
<ruby>콩국수<rt>コングクス</rt></ruby>

コングクス

材料（1人分）

【手作り豆乳】
　大豆（乾燥）…200g
　水…600〜700㎖
塩…小さじ1
そうめん…1.5束(75g)
きゅうり…1/4本

作り方

1　豆乳を作る。大豆はたっぷりの水に6〜7時間ほどつけてもどし、ざるにあげて水気をきる。

2　鍋に大豆とたっぷりの水を入れて蓋をし、強火にかける。沸騰して吹きこぼれそうになったら弱火にして3分ほど煮る。火を止めて2分ほどおく。

3　流水をあてながらざるにあげ、ボウルに水と一緒に移し入れる。大豆を手でこすり合わせながら皮をむく（**a**）。皮が浮かんできたら皮と水を捨て再び水をため、同様に皮をむく。

4　ある程度皮がむけたらざるにあげ、ボウルに入れる。分量の水を加えてハンドブレンダーで攪拌する。

5　細かい目のざるで漉し、汁に塩を加えて味をととのえ、冷蔵庫に入れて冷やしておく。

6　きゅうりはせん切りにする。

7　沸騰した湯にそうめんを入れ、袋の表示どおりの時間ゆでる。ざるにあげて流水で洗い、水気をきる。

8　器に**7**を盛り、**5**を半量ほど注ぎ入れて**6**をのせる。余ったスープは冷凍し、2週間以内に使い切る。

a

チャンチは「宴」の意味。結婚式に欠かせない麺料理です。

_{チャンチグクス}
잔치국수
チャンチグクス

材料（2人分）

そうめん…3束(150g)
韓国かぼちゃ（ズッキーニ
　でも可）…1/3本
にんじん…少量
錦糸卵…1個分
A だいこん…3cm
　　長ねぎ（青い部分）…
　　　1本分
　　玉ねぎ…1/2個
　　煮干し…30g
　　水…900ml

薄口しょうゆ…大さじ1～
塩…適量
米油…少量
マンヌンヤンニョムジャン
　（p135）…適量

作り方

1　鍋にAを入れて強火にかける。沸騰したらアクをとって蓋をし、弱火にして15分ほど煮る。火を止めて蓋をしたまま5分ほどおく。ざるで濾して、薄口しょうゆと塩で味をととのえる。

2　韓国かぼちゃとにんじんはせん切りする。

3　フライパンを中火にかけて米油をひき、かぼちゃを炒めて塩で味をととのえる。同様ににんじんも炒める。

4　沸騰したお湯にそうめんを入れ、袋の表示どおりの時間ゆでる。ざるにあげて流水で洗い、水気をきる。

5　器に4を盛り、3と錦糸卵をのせ温かい1を注ぐ。好みでマンヌンヤンニョムジャンを添える。

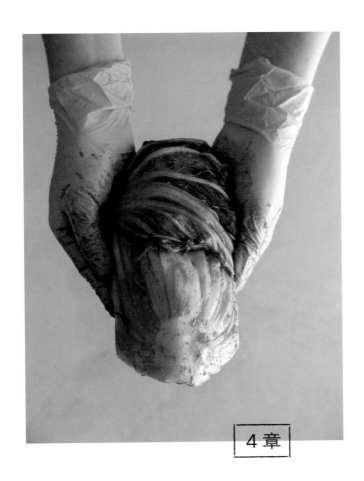

４章

キムチを作ろう！
キムチ料理

韓国料理に絶対欠かすことのできないキムチ。
作ってすぐに食べられる浅漬けから本格的な白菜キムチまで、
さまざまなキムチの作り方を紹介します。
手作りのおいしさはやはり格別！
発酵が進んで酸っぱくなった白菜キムチは料理に使いましょう。

作ってすぐに食べたい
浅漬けキムチ9種です。

ペチュコッチョリ
배추겉절이
白菜の浅漬けキムチ

材料（作りやすい分量）

白菜…1/6個
小ねぎ（3〜4cm長さ）…2本分
天日塩…適量
A 粉唐辛子…大さじ3
　　アガベシロップ…大さじ1と1/2
　　魚醤…大さじ1
　　おろしにんにく…1/2かけ分

作り方

1 白菜は食べやすい大きさに手でさく。
　　ボウルに入れて天日塩と水少々をか
　　け、10分ほどおく。ざるに移して
　　水気を軽くきる。
2 ボウルに**1**と**A**を入れ、調理用手袋
　　をしてよく混ぜ、小ねぎを加えてさ
　　っと混ぜる。

오이겉절이
きゅうりキムチ

材料 (作りやすい分量)

きゅうり…3本
塩…小さじ1/2
A │ おろしにんにく … 1/3かけ分
　　│ 粉唐辛子…大さじ1
　　│ 魚醤…小さじ1
　　│ アガベシロップ…小さじ1
　　│ 梅シロップ…大さじ1/2

作り方

1 きゅうりは両端を切り落として縦半分に切る。スプーンで種を取り除き（**a**）、6等分に切る。ボウルに入れて塩をふり、10分ほどおく。ざるに移し流水で洗い、水気をきる。

2 ボウルに **1** と **A** を入れてよく混ぜる。

a

미니토마토겉절이
ミニトマトキムチ

材料 (作りやすい分量)

ミニトマト…12個
A │ 粉唐辛子…大さじ1/2
　　│ しょうがのしぼり汁… 1かけ分
　　│ 魚醤…小さじ1
　　│ アガベシロップ…小さじ1/2

作り方

1 ミニトマトはヘタをとり、ヘタの反対側に包丁で切れ目を入れて湯むきする。

2 ボウルに **1** と **A** を入れてよく混ぜる。

부추 겉절이
プチュコッチョリ

にらキムチ

材料（作りやすい分量）

にら…80g
玉ねぎ…1/2個
A 酢…大さじ2/3
　　アガベシロップ…小さじ1
　　粉唐辛子…大さじ1
　　おろしにんにく…1/3かけ分
　　魚醤…大さじ1
　　ごま油…大さじ1
　　塩…少々
　　白ごま…少量

作り方

1　にらは4〜5cm長さに切り、玉
　ねぎは薄切りにする。玉ねぎが辛
　い場合は、水に15分ほどさらし、
　キッチンペーパーで水気をしっか
　り拭き取る。
2　ボウルに**1**と**A**を入れてよく混ぜ
　る。

보쌈 무김치
ポッサムムキムチ

だいこんキムチ

材料（作りやすい分量）

だいこん…10cm
天日塩…小さじ2
砂糖…小さじ1
A 粉唐辛子…大さじ3
　　魚醤…大さじ1
　　アガベシロップ…大さじ1
　　おろしにんにく…1/2かけ分
　　あみの塩辛…小さじ1/2

作り方

1　だいこんは5cm長さに切り、や
　や太めのせん切りにする。ボウル
　に入れ、天日塩と砂糖をかけて軽
　く混ぜ、水分が出るまでおく。
2　**1**の水気をしっかりしぼり、ボウ
　ルに入れる。**A**を加えてよく混ぜ
　る。

깻잎김치
ケンニッキムチ

えごまの葉キムチ

材料（作りやすい分量）

えごまの葉…40枚
玉ねぎ…1/2個
にんじん…3cm
小ねぎ…2本
A しょうゆ…大さじ4
　　粉唐辛子…大さじ3
　　魚醤…大さじ1
　　梅シロップ…大さじ2
　　白ごま…大さじ1
　　アガベシロップ…大さじ2
　　おろしにんにく…1/2かけ分

作り方

1 玉ねぎは薄切り、にんじんはせん
　切り、小ねぎは小口切りにする。
2 ボウルに**1**と**A**を入れてよく混ぜ
　る。
3 保存容器にえごまの葉2枚を入れ、
　2を大さじ1/2〜2/3のせる。これ
　を繰り返して重ね、一番上に落
　としラップをして冷蔵庫に一晩お
　いて味をなじませる。

상추 겉절이
サンチュコッチョリ

サニーレタスキムチ

材料（作りやすい分量）

サニーレタス…1/2個
えごま油…大さじ1
A 粉唐辛子…大さじ1
　　おろしにんにく…1/3かけ分
　　白ごま…小さじ1
　　酢…大さじ1/2
　　アガベシロップ…大さじ1/2
　　塩…少々

作り方

1 サニーレタスは食べやすい大きさ
　にちぎり、キッチンペーパーを敷
　いたボウルに入れてラップをし、
　冷蔵庫に1時間ほどおく。
2 別のボウルに**1**を入れ、えごま油
　をからめる。**A**を加えてよく混ぜ
　る。

パムチム
파무침
ねぎキムチ

材料 (作りやすい分量)

長ねぎ…1本
A | 粉唐辛子…大さじ2
　　 | 酢…大さじ2
　　 | しょうゆ…大さじ1
　　 | アガベシロップ…大さじ1
　　 | ごま油…大さじ1/2

作り方

1　長ねぎは6〜7cm長さに切ってから縦半分に切って芯をとり、せん切りにする。水に15分ほどさらしてざるにあげ、キッチンペーパーで水気を拭き取る。
2　ボウルに**1**と**A**を入れてよく混ぜる。

タンムジムチム
단무지무침
たくあんキムチ

材料 (作りやすい分量)

たくあん…150g
小ねぎ…1本
A | 粉唐辛子…大さじ1
　　 | ごま油…小さじ1/2
　　 | アガベシロップ…小さじ1/2
　　 | 白ごま…少量

作り方

1　たくあんは5mm厚さに切り、小ねぎは小口切りにする。
2　ボウルに**1**と**A**を入れてよく混ぜる。

ソバギの
もとの作り方

ソは「具」、バキは「はさむ」の意味で、
ソバギは具をはさんだキムチのこと。
万能玉ねぎキムチさえあれば、
いろいろなソバギがすぐに作れます。

<ruby>ソバギヤンニョム</ruby>
소박이양념
万能玉ねぎキムチ（ソバギのもと）

材料（作りやすい分量）

玉ねぎ…1個
A 粉唐辛子…大さじ3
　　梅シロップ…大さじ1
　　魚醤…大さじ2
　　アガベシロップ…小さじ1/2
　　あみの塩辛…大さじ1/2
　　おろしにんにく…小さじ1/3

作り方

1 玉ねぎは薄切りにする。
2 ボウルに**1**と**A**を入れ
　　てよく混ぜる。

토마토소박이
トマトソバギ

材料（作りやすい分量）

トマト…2個
にら…20g
万能玉ねぎキムチ(p97)…100g
おろししょうが…少量

作り方

1　トマトはヘタ側を下にし、2/3くらいの深さまで6等分の切り込みを放射状に入れる。にらは小口切りする。
2　ボウルに万能玉ねぎキムチ、にら、しょうがを入れてよく混ぜる。
3　トマトの切れ目に**2**をはさみ込む。

가지소박이
なすソバギ

材料（作りやすい分量）

なす…2本
水…2と1/2カップ
天日塩または粗塩
　…大さじ2

おろししょうが…少量
大葉…10枚
万能玉ねぎキムチ(p97)
　…100g

作り方

1　なすは縦4等分の切り込みをヘタの下まで入れる。大葉はせん切りにする。
2　ボウルに水と塩を入れてよく混ぜ、なすを加えてしんなりするまでおく。
3　別のボウルに万能玉ねぎキムチ、大葉、しょうがを入れてよく混ぜる。
4　**2**の水気をしぼり、切れ目に**3**をはさみ込む。
5　保存容器に入れて常温に一晩おき、翌日から冷蔵庫で保存する。5日後から食べごろに。

고추소박이
コチュソバギ
唐辛子ソバギ

材料 (作りやすい分量)

万願寺唐辛子または 　青唐辛子… 8本	天日塩または粗塩 　…大さじ 1
だいこん… 2cm	万能玉ねぎキムチ (p97)
水… 1と1/2カップ	…100g

作り方

1 唐辛子は片面だけ縦に 1本切り込みを入れる。だいこんはせん切りにする。
2 ボウルに水と塩を入れてよく混ぜ、唐辛子を加えて30分ほどおく。
3 別のボウルに万能玉ねぎキムチとだいこんを入れてよく混ぜる。
4 2をざるにあげて種を取り除き、水気をきる。
5 4の切れ目に3をはさみ込む。
6 保存容器に入れて常温に一晩おき、翌日から冷蔵庫で保存する。5日後から食べごろに。

에스닉김치
エスニックキムチ
エスニックキムチ

材料 (作りやすい分量)

だいこん… 5cm	天日塩または粗塩… 　小さじ1/2
みょうが… 2個	万能玉ねぎキムチ (p97)
セロリ… 1/2本	…100g
パクチー… 2株	ライム (輪切り) … 1/6個分

作り方

1 だいこんは 4等分に切って薄いいちょう切りに、みょうがとセロリは縦半分に切って斜め薄切りにする。パクチーは葉をちぎる。
2 だいこんに塩をまぶしてもみ、水分が出たら水気をしっかりしぼる。
3 ボウルに万能玉ねぎキムチ、みょうが、セロリ、パクチー、2を入れてよく混ぜる。器に盛り、ライムを添える。

本格キムチの
作り方

韓国では白菜とだいこんがおいしい季節になると
一年分の白菜キムチを作ります。
これを「キムジャン」と呼びます。
白菜1/4個で
気軽にキムジャンしてみましょう。

白菜はざるなどにのせ、4〜5時間ほど陰
干しする。

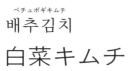

ペチュポギキムチ
배추김치
白菜キムチ

材料 (作りやすい分量)

		A	梨またはりんご…1/6個
白菜…1/4個			玉ねぎ…1/6個
だいこん (せん切り)…2〜3cm分			あみの塩辛…小さじ1
天日塩または粗塩…大さじ3		B	小ねぎ (3cm長さ)…2本分
水…500㎖			おろしにんにく…1/2かけ分
【のり】			おろししょうが…少量
米粉…大さじ1/2			魚醤…大さじ2
水…100㎖			粉唐辛子…大さじ5
またはお粥…大さじ2			きび砂糖…小さじ1と1/2〜
			桜えび (あれば)…大さじ1

大きめの食品用ポリ袋や漬物袋に水を入れ
る。

2 に塩大さじ2を入れてよく溶かし、塩
水を作る。

4

3に白菜を入れ、葉を1枚ずつめくりなが
ら塩水をかける。

7

袋の口を結んで常温で6〜7時間ほどおく。
途中2〜3回ほどひっくり返し、塩水が白
菜全体にいきわたるようにする。

10

切り口を下にしてざるにのせ、1時間ほど
おいて水きりをする。

5

葉を1枚ずつめくりながら、根元のかたい
部分に塩大さじ1をかける。白菜が大きけ
れば、塩を追加してかける。

8

6〜7時間後は白菜がしんなりする。

11

小鍋にのりの材料を入れて弱火にかけ、と
ろみがつくまで煮て冷ます。

6

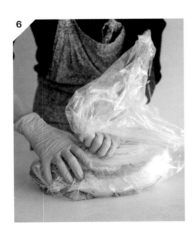

袋の空気をしっかり抜く。

9

ボウルに水をはり、**8**を入れる。葉を1枚
ずつめくって塩水を落とす。水をかえて3
〜4回繰り返す。小さな葉を味見して、し
ょっぱくなければOK。

12

ヤンニョムを作る。容器に**A**の材料を入れ、
ハンドブレンダーで撹拌する。ボウルに移
して、**B**と**11**で作ったのり大さじ2を加え、
よく混ぜる。

13

だいこんと小ねぎを加え、さらに混ぜる。

14

だいこんがしんなりしたら、ヤンニョムの完成。

15

白菜の葉を1枚ずつめくって、ヤンニョムをまんべんなく塗りつける。

16

残ったヤンニョムは白菜の根元や葉の外側にもしっかりと塗る。

17

外側の葉1枚を残し、半分に折る。

18

半分に折った部分に、残した葉を横に巻きつける。

19

密閉性の高い保存容器に入れる。

20

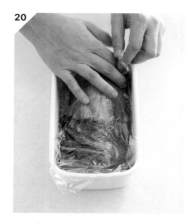

ラップをぴっちりとかぶせて空気と触れないようにする。このラップの落とし蓋がカビ発生を防ぐ。常温に一晩と半日（夏は一晩）ほどおいて発酵を進ませてから冷蔵庫で保存する。

３日後からが食べごろ。
毎日の味の変化を楽しんで。

キムチチム

煮キムチ

材料（作りやすい分量）

白菜キムチ(p100の発酵が進んだ酸っぱ
いもの)…300g
きび砂糖…大さじ1〜（キムチの酸味
に応じて追加する）

作り方

1　鍋にキムチを入れてきび砂糖を
　　まぶし、砂糖が溶けるまでおく。
2　1にキムチがひたるくらいまで
　　水を加えて強火にかける。沸騰
　　したら弱火にして蓋をし、汁気
　　がなくなるまで煮詰める。

酸っぱくなったキムチが
劇的においしくなります。

韓国人のソウルフード！
酸っぱくなったキムチを煮てから作るのがポイント。
ひと手間かけることで、よりおいしくなります。

김치찌개
キムチチゲ

キムチチゲ

材料（2人分）

白菜キムチ(p100の発酵が進んだ
　酸っぱいもの)…300g
豚肉(カレー・シチュー用)…130g
木綿豆腐…1/3丁(100g)
長ねぎ…1/5本
煮干しだし…1カップ
おろしにんにく…少量
粉唐辛子…少量
薄口しょうゆ…大さじ1
米油…少量

作り方

1　キムチは食べやすい大きさに切る。豆腐は
　　1cm幅に、長ねぎは斜め薄切りにする。
2　鍋を中火にかけ、米油を熱して豚肉を入れ、
　　色が変わるまで炒める。キムチを加え、キム
　　チがつかるくらいの水を入れて沸騰させる。
3　アクをとり、弱めの中火にして汁が1/3くら
　　いになるまで煮る。
4　だしを加え、沸騰したら、薄口しょうゆ、に
　　んにく、粉唐辛子、豆腐、ねぎを加えてひと
　　煮立ちさせ、火を止める。

最後に1分ほど焼きつけて、
少しこんがりさせるとおいしさ倍増!

キムチポックンパ
김치볶음밥
キムチチャーハン

材料 (1人分)

ご飯…茶碗大盛り1杯分
白菜キムチ(p100の発酵が進ん
　　だ酸っぱいもの)…100g
ツナ缶(油漬)…70g
目玉焼き…1個
オイスターソース…小さじ1
米油…適量
ごま油…適量

作り方

1　キムチは食べやすい大きさに切る。ツナは油をきる。
2　フライパンを中火にかけて米油をひき、キムチを入れて炒める。キムチがしんなりしたらツナを加えて炒め合わせる。
3　2にご飯とオイスターソースを加えてよく炒める。
4　ご飯を全体に広げて平らにし、強火で1分ほど焼きつける。火を止めてごま油をまわしかける。
5　器に盛り、目玉焼きをのせる。

김치밥

キムチの炊き込みご飯

材料（4人分）

米…2合
白菜キムチ（p100）…150g
牛薄切り肉…100g
しょうがのしぼり汁…小さじ1
塩…少々
えごま油…大さじ1
マンヌンヤンニョムジャン
　（p135）…適量

作り方

1　キムチはヤンニョムを取り除き、食べやすい大きさに切る。
2　牛肉は粗みじん切りにし、しょうが汁と塩で下味をつける。
3　米は洗って水に1時間ほどひたし、ざるにあげて水気をきる。
4　鍋を弱めの中火にかけてえごま油をひき、2を炒める、牛肉の色が変わったら、1を入れて炒め合わせ、3と水2カップを加える。
5　沸騰したら蓋をし、弱火にして10分ほど炊く、火を止めて15分ほど蒸らす。
6　器に盛り、たれをかけてよく混ぜる。

北朝鮮でよく作る炊き込みご飯のひとつ。キムチと脂がのっている肉で作る、素朴な味だけどくせになるおいしさです。

酸っぱいキムチと
骨付き肉のだしが混ざり合って
ご飯泥棒に決まり！
ご飯にかけて食べましょう。

a

김치갈비찜

キムチカルビチム

キムチとスペアリブの煮込み

材料（2〜3人分）

豚スペアリブ…500g
白菜キムチ（p100の発酵が進んだ酸っぱいもの）
　…350g
長ねぎ（斜め切り）…1/3本分
A ┃ おろしにんにく…小さじ1/2
　　┃ 粉唐辛子…大さじ2
　　┃ えごま油…大さじ1/2
　　┃ 粗挽き黒こしょう…少々
　　┃ 薄口しょうゆ…大さじ2
　　┃ 砂糖…大さじ1
　　┃ キムチの汁…大さじ2
　　┃ 水…2と1/2カップ

作り方

1　スペアリブは食べやすい大きさに切り、1時間ほど水につけて血抜きをする（**a**）。沸騰した湯にスペアリブを入れて2分ほど下ゆでして水で洗い、ザルにあげて水気を軽くきる。

2　鍋にキムチ、**1**、**A**を入れて強火にかける。

3　沸騰したら弱めの中火にして、30〜40分ほど煮る。長ねぎを加えてひと煮立ちさせ、火を止める。食べる直前にキッチンバサミでキムチを切る。

キムチのうまみと煮干しだしが
絶妙にマッチ。
卵を落として作るのもおすすめです。

<ruby>김치우동<rt>キムチウドン</rt></ruby>

キムチうどん

材料（1人分）

ゆでうどん… 1玉
白菜キムチ(p100)…80g
韓国さつま揚げ… 1枚
油揚げ…1/2枚
しいたけ… 1個
煮干しだし… 2と1/2カップ
薄口しょうゆ…大さじ1/2
塩…小さじ1/3

作り方

1　キムチは食べやすい大きさに切り、さつま
　揚げは横半分に切って細長く切り、油揚げ
　は細長く切り、しいたけは軸を切り落とす。
2　鍋にだしを入れて強火にかけ、沸騰したら
　1を加えて弱火にして5分ほど煮て、薄口
　しょうゆと塩で味をととのえる。
3　別の鍋でうどんをゆでて温め、ざるにあげ
　て湯をきる。器に盛り、2をかける。

5章

冷蔵庫にあると
安心なパンチャン

パンチャンとは「おかず」のこと。
韓国ではパンチャンをたくさん作って、
冷蔵庫に大量ストックしています。
ビビンバやキンパの具材にしたり、お弁当のおかずなどにしたり、
「作っておいてよかった〜」という気持ちになるパンチャンです。

これさえあればほかのおかずはいらないかも!?
作っておきたいナムル10種です。

무나물 볶음
ムナムルボックム

だいこんナムル

材料 (作りやすい分量)

だいこん… 5 cm
塩…適量
えごま油…小さじ1/2
おろしにんにく…少量
えごまパウダー…大さじ1

作り方

1 だいこんはせん切りにしてボウルに入れ、塩小さ
  じ1/2で塩もみする。だいこんから出た水分はし
  っかりしぼる。

2 フライパンに**1**、えごま油、にんにくを入れてよ
  く混ぜ、弱火にかける。だいこんの甘みが出るま
  で10分ほど炒める。

3 えごまパウダーを加え、塩で味をととのえる。

오이나물 볶음
オイナムルボックム

きゅうりナムル

材料 (作りやすい分量)

きゅうり… 2本
塩…適量
ごま油…少量
おろしにんにく… 少量
砂糖…少々

作り方

1 きゅうりは薄い輪切りにしてボウルに入れ、塩小
  さじ1/3で塩もみする。きゅうりから出た水分は
  しっかりしぼる。

2 フライパンに**1**、ごま油、にんにくを入れてよく
  混ぜ、中火にかけて2分ほど炒める。

3 塩と砂糖で味をととのえる。

비트나물 무침
ビトゥナムルムチム

ビーツナムル

材料（作りやすい分量）

ビーツ…150g
A 薄口しょうゆ…小さじ1
　　おろしにんにく…少量
　　ごま油…少量
　　塩…少々

作り方

1 オーブンを200℃に予熱する。ビーツはアルミホイルで包み、オーブンで60分焼き、オーブンに入れたまま冷ます。
2 粗熱がとれたら、手で皮をむく（**a**）。
3 1cmの角切りにしてボウルに入れ、**A**と混ぜる。

깻잎나물 볶음
ケンニナムルボックム

えごまの葉ナムル

材料（作りやすい分量）

えごまの葉…50枚
A おろしにんにく…少量
　　薄口しょうゆ…小さじ1
　　ごま油…小さじ1/2
塩…少々

作り方

1 えごまの葉はちぎり、沸騰した湯に入れてさっとゆでる（**a**）。ざるにあげて流水をあてて粗熱をとり、水気をしぼる。
2 フライパンに**1**と**A**を入れてよく混ぜ、弱火にかけて3分ほど炒める。
3 塩で味をととのえる。

콩나물 무침
コンナムルムチム

豆もやしナムル

材料（作りやすい分量）

豆もやし…200g
A ごま油…大さじ1
　　塩…小さじ1/2
　　白ごま…適量

作り方

1 豆もやしは洗って水気がついたまま鍋に入れる。蓋をして弱火で6〜7分蒸す（**a**）。ざるにあげて粗熱をとる。
2 ボウルに**1**と**A**を入れて混ぜる。

새송이버섯나물 볶음
セソンイボソナムルボックム

エリンギナムル

材料（作りやすい分量）

エリンギ…300g
A えごま油…大さじ1/2
　　おろしにんにく…1/3かけ分
えごまパウダー…大さじ1と1/2
塩…適量

作り方

1 エリンギは繊維にそって手でさく（**a**）。
2 **1**をボウルに入れて塩小さじ1/2で塩もみし、しんなりしたら水気をしっかりしぼる。
3 フライパンに**1**と**A**を入れてよく混ぜ、弱めの中火にかけてにんにくの香りがたってくるまで炒め、えごまパウダーを加える。火を止め、塩で味をととのえる。

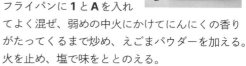

시금치나물 무침
<small>シグンチナムルムチム</small>

ほうれん草ナムル

材料 (作りやすい分量)

ほうれん草…150g
A│おろしにんにく…1/3かけ分
　│ごま油…小さじ2
　│濃口しょうゆ…小さじ1
　│砂糖…少々
　│白ごま…少量
塩…少々

作り方

1　ほうれん草は沸騰した湯に根元から入れ、さっとゆでる。ざるにあげて流水にあて、水気をしぼり、食べやすい大きさに切る。
2　ボウルに1とAを入れてよく混ぜ、塩で味をととのえる。

곤드레나물 무침
<small>コンドゥレナムルムチム</small>

コンドゥレ（干し朝鮮アザミ）ナムル

材料 (作りやすい分量)

コンドゥレ…40g
A│えごま油…小さじ1
　│薄口しょうゆ…小さじ1
　│おろしにんにく…少量
塩…少々

作り方

1　コンドゥレは沸騰した湯に入れ、弱火で10分ほど煮る。火を止めてそのまま冷ます。水気をしっかりしぼり、食べやすい大きさに切る。
2　フライパンに1とAを入れてよく混ぜ、弱めの中火にかけてにんにくの香りがたってくるまで炒める。火を止め、塩で味をととのえる。

당근나물 볶음
<small>タングンナムルポックム</small>

にんじんナムル

材料 (作りやすい分量)

にんじん…1本
塩…小さじ1/3
A│えごま油…大さじ1/2
　│おろしにんにく…少量

作り方

1　にんじんはせん切りにしてボウルに入れ、塩もみする。にんじんから出た水分はしっかりしぼる。
2　フライパンに1とAをを入れてよく混ぜ、弱火にかけて5分ほど炒める。

구운가지나물 무침
<small>クウンカジナムルムチム</small>

焼きなすナムル

材料 (作りやすい分量)

なす…5本
ミニトマト(完熟)…5個
生の青唐辛子(小口切り)…少量
A│魚醤…小さじ1
　│アガベシロップ…小さじ1/2
　│おろしにんにく…少量
　│ごま油…小さじ1/2
塩…少々

作り方

1　なすは焼き網にのせてカスコンロの火にあて、全体が真っ黒になるまで焼く(a)。
2　水をはったボウルに1を入れる。ミニトマトは湯むきする。
3　なすの粗熱がとれたら皮をむき、ヘタを切り落として、手で食べやすい大きさにさく。
4　ボウルに3、混ぜ合わせたA、2のミニトマトを手でつぶしながら入れ、青唐辛子を加えてさっと混ぜる。塩で味をととのえる。

어묵볶음
オムッボクム

韓国さつま揚げの炒めもの

材料（2人分）

韓国さつま揚げ…4枚
玉ねぎ…1/4個
おろしにんにく…1/3かけ分
しょうゆ…大さじ2
アガベシロップ…大さじ1
米油…少量
ごま油…大さじ1
水…大さじ1

作り方

1 さつま揚げは横半分に切って4等分に切り、玉ねぎは薄切りにする。
2 フライパンを弱めの中火にかけて米油、さつま揚げ、分量の水を入れて炒める。水分がなくなったら玉ねぎとにんにくを加えてさらに炒める。玉ねぎがしんなりしたら、しょうゆとアガベシロップを加えて全体に味をからめる。火を止めてごま油を加える。

韓国の家庭でよく作るおかずのひとつ。辛いもの好きは粉唐辛子をまぶしてアレンジしてみて。

꽈리고추찜
クァリコチュチム
ししとうの蒸しあえ

材料（2人分）

ししとう…15本
米粉…大さじ2
A　しょうゆ…大さじ1
　　アガベシロップ…大さじ1/2
　　梅シロップ…大さじ1/2
　　粉唐辛子…小さじ1/2
　　ごま油…少量

たれをからめやすくするために
米粉をまぶすのがポイントです。

作り方

1　ししとうはヘタをとり、つまよ
　　うじなどで3〜4カ所に穴を開
　　ける。
2　**1**を流水で洗い、水気がついた
　　ままボウルに入れる。米粉を加
　　えて、全体にまぶしつける。
3　蒸気が上がった蒸し器にオーブ
　　ンシートを敷いて**2**を入れ、5
　　分蒸す。
4　**3**の粗熱がとれたら別のボウル
　　に入れ、**A**を加えてからめる。

ミョッチュルギポックム
미역줄기볶음
茎わかめの炒めもの

材料 (作りやすい分量)

茎わかめ (塩蔵)…300g
玉ねぎ…1/4個
おろしにんにく…1/3かけ分
薄口しょうゆ…大さじ1/2
塩…少々
米油…適量
ごま油…少量

作り方

1 茎わかめは水できれいに洗って塩を落としてから、たっぷりの水に20分ほどつけて塩抜きする。食べてみて塩辛い場合は、水を入れ替えてさらに塩抜きする。流水で洗い、水気をしぼって食べやすい大きさに切る。玉ねぎは薄切りにする。

2 フライパンを弱火にかけて米油をひき、にんにくを炒める。にんにくの香りがたってきたら玉ねぎを加える。

3 玉ねぎが透き通ってきたら茎わかめと薄口しょうゆを加えて3分ほど炒める。

4 ごま油を加えて火を止める。塩で味をととのえる。

コリコリした茎わかめの食感が楽しい、あっさりした味つけの炒めものです。

エホバッポックム

애호박볶음

韓国かぼちゃの炒めもの

材料 (作りやすい分量)

韓国かぼちゃ (ズッキーニでも可) … 1本

A　おろしにんにく…1/3かけ分
　　あみの塩辛…小さじ1
　　水…大さじ1
　　赤唐辛子 (小口切り)…少量

塩…少々

えごま油…大さじ1/2

作り方

1　韓国かぼちゃは縦半分に切って5mm幅に切る。

2　フライパンを弱火にかけてえごま油をひき、**1**を1分ほど炒める。混ぜ合わせた**A**を加えて蓋をし、強めの弱火で2分ほど蒸し焼きにして、塩で味をととのえる。

소고기장조림
ソゴギチャンチョリム

牛肉とうずらの卵の煮もの

材料（作りやすい分量）

牛かたまり肉（赤身）…300g
うずらの卵（水煮）…10個
長ねぎ（青い部分）…1本分
にんにく…5かけ
A │ しょうゆ…大さじ6
　　│ 砂糖…45g
　　│ 酒…大さじ3
　　│ 水…360㎖

作り方

1 沸騰した湯に牛肉を入れて2分ほど下ゆでしてざるにあげ、流水で表面を洗う。

2 鍋に**A**を入れて強火にかける。沸騰したら、**1**と長ねぎを入れて弱火し、蓋をして15分ほど煮る。

3 にんにくとうずらの卵を加え、さらに15分煮る。

4 牛肉をバットに取り出して粗熱をとり、繊維に沿って手でさく。熱いのでやけどに注意する。

5 器に**4**と、**3**をねぎは残して汁ごと盛る。

残った汁はあつあつのご飯にかけて、
バターをのせてどうぞ。

韓国では豆腐を
本当によく食べます。
甘辛だれが染み込んだ
この豆腐があれば
ご飯のおかわり必至です。

두부조림

トゥブチョリム

豆腐の煮もの

材料 (作りやすい分量)

木綿豆腐… 1丁(300g)
A 粉唐辛子…大さじ1/2
　　しょうゆ…大さじ1と1/2
　　おろしにんにく…少量
　　長ねぎ(みじん切り)…5cm分
　　ごま油…大さじ1/2
　　オイスターソース…大さじ1/2
　　梅シロップ…大さじ1/2
　　水…100㎖
えごま油…大さじ1

作り方

1　木綿豆腐は水きりし、半分に切って
　1cm厚さに切る。

2　フライパンを弱めの中火にかけてえごま
　油をひき、**1**を入れて両面がきつね色に
　なるまで焼く。

3　**2**に混ぜた**A**を加えて弱火にする。とき
　どき豆腐をひっくり返しながら汁気がな
　くなるまで煮詰める。

しっかり味がしみただいこんはビールのつまみにもぴったり！

ムチョリム
무조림

だいこんの煮もの

材料（2人分）

だいこん…6cm
桜えび…大さじ1
A 煮干しだし…1と1/2カップ
しょうゆ…大さじ2
薄口しょうゆ…大さじ1
粉唐辛子…大さじ2
アガベシロップ…大さじ1
おろしにんにく…少量
おろししょうが…少量

作り方

1 だいこんは1cm厚さの輪切りにする。
2 フライパンに**1**、桜えび、混ぜ合わせた**A**を入れて強火にかける。
3 沸騰したら蓋をし、ときどきだいこんに煮汁をかけながら弱めの中火で40分ほど煮る。

じゃことくるみの
相性のよさを実感。
おにぎりやキンパの具にも。

<ruby>멸치호두 볶음<rt>ミョルチホドゥボックム</rt></ruby>

ちりめんじゃことくるみの炒めもの

材料(作りやすい分量)

ちりめんじゃこ…50g
くるみ…30g
A みりん…大さじ1/2
　しょうゆ…大さじ1/2
　水…大さじ1
　アガベシロップ…大さじ1
　おろしにんにく…少量
　白ごま…少量
米油…大さじ1
ごま油…少量

作り方

1 フライパンを中火にかけてじゃこを入れ、1分ほどからいりする。

2 米油を加えて **1** が透き通るまで炒め、くるみと **A** を加えてよくからめる。

3 火を止め、ごま油をまわしかける。

のり一枚の存在に感動！韓国版のりの佃煮です。

キムチャンアチ
김장아찌
のりのチャンアチ（漬物）

材料（作りやすい分量）

焼きのり（全形・21×19cm）… 5枚
A　しょうゆ…70㎖
　　水…20㎖
　　アガベシロップ…50㎖
　　みりん…大さじ2
　　コチュジャン…小さじ1/2
　　おろしにんにく…少量
白ごま…少量

作り方

1　鍋に**A**を入れて強火にかけ、沸騰したら火を止め、そのまま冷ます。
2　のりはキッチンバサミで8等分する。
3　保存容器に**2**を5枚入れて**1**を大さじ1〜2かける。これを繰り返して、**1**が余ったら、一番上にすべてかける。最後に落としラップをする。
4　冷蔵庫に一晩おいて味をなじませる。食べる直前に白ごまをふる。

ご飯にかけたりおむすびにしたりと
毎日のごはんのおともにどうぞ。

볶음참치
ポックムチャムチ

ツナのふりかけ

材料(作りやすい分量)

ツナ缶(油漬)…70g
玉ねぎ…1/4個
A 粉唐辛子…小さじ1/2
　 しょうゆ…大さじ1/2
　 アガベシロップ…小さじ1/2
　 酢…小さじ1/3
　 ごま油…小さじ1/3
　 白ごま…小さじ1
　 みりん…小さじ1/2
米油…適量

作り方

1 玉ねぎは5mmの角切りにする。
　 ツナは油をきる。

2 フライパンを弱火にかけて米油
　 をひき、玉ねぎを入れて5分ほ
　 ど炒める。玉ねぎが透き通って
　 きたら、ツナ、混ぜ合わせた A
　 を加えて中火にし、水分がなく
　 なるまで炒める。

6章

韓国ごはんのきほん

韓国料理に欠かせない食材や
あると便利な調理道具、
覚えておきたい定番のたれなど
"韓国ごはんのきほん"をまとめました。

味の決め手となる

韓国食材

おうちで作る韓国料理に欠かせない食材です。
専門店でなくても、スーパーやネットショップで手に入るものも多くなってきました。
ぜひ探してみてください。

1 ごま油（チャムギルム）

韓国料理の風味づけに欠かせない油。韓国産は日本のものよりコクと香りが強く濃厚です。あまり火を通さず、仕上げに加えると風味を損ないません。

2 えごま油（トゥルギルム）

ほんのりと香ばしい風味で、あっさりとした油。ごま油と同じくらいに韓国料理ではよく使います。炒めものやスープによく合います。

3 魚醤（エッジョッ）

キムチをはじめ、ナムルやチゲなどさまざまな韓国料理に使う調味料。写真のものは、いかなごが原料ですが、私はほかにいわしやタイのナンプラーなど5〜6種類を常備しています。

4 梅シロップ（メシルチョン）

砂糖の代用として韓国料理ではよく使います。砂糖より低カロリーで味に深みが出ます。私は梅と同量のきび砂糖で手作りしたもの使用しています。

5 キムチ作りには
　 天日塩を使う

韓国の離れ小島にある場所から海水を引き込み、それを天日により結晶させた塩。海水を煮沸することもなく、太陽の熱だけで作られています。自然のままの豊富なミネラルが、食材のうまみを引き出します。私のキムチ作りには欠かせない調味料です。

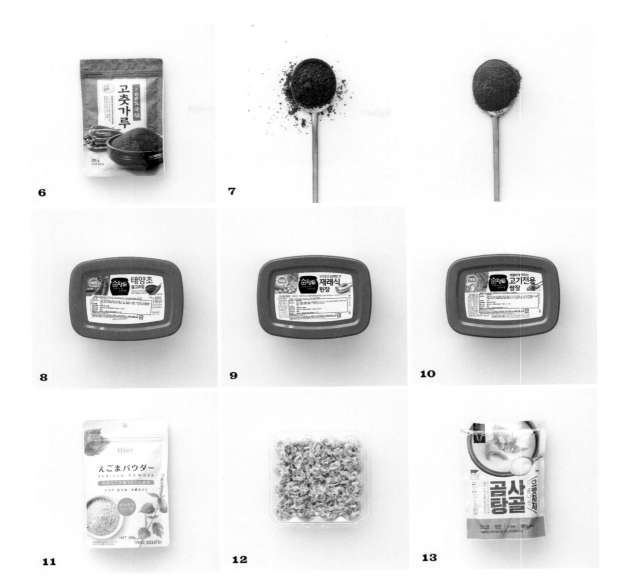

6

7

8

9

10

11

12

13

6 粉唐辛子（コチュカル）

乾燥赤唐辛子を挽いたもの。辛みは日本のものより穏やかです。おもに種ごと挽いた粗挽きと、パウダー状に挽いた細挽きがあります。

7 まずは粗挽きを買っておけばOK！

粉唐辛子の細挽きは、色をきれいに染める料理をはじめ、コチュジャンや塩辛類を作るときによく使います。粗挽きは濃くなりやすいのでキムチやヤンニョムジャンなどを作るときに。粗挽きがあれば、ミキサーにかけてざるで濾して細挽きにすることができます。

8 コチュジャン

韓国の唐辛子みそで、辛さの中に甘み、コク、深みがあります。鍋、ビビンバ、炒めもの、刺身のたれの酢コチュジャンなど、じつにさまざまな料理に使います。

9 テンジャン

うまみと塩味のある、大豆からつくられたみそ。煮込むほどに風味が増しておいしくなるので、スープや鍋料理に適しています。

10 サムジャン

ポッサムやサムギョプサルのような包む料理に使う甘辛い薬味みそ。簡単に手作りすることもできます（p135参照）。

11 えごまパウダー（トゥルケッカル）

えごまの実を炒めて粉状にしたもの。独特の風味が、肉のくさみを消すといわれています。スープやあえものなどの仕上げに加えるとコクが出ます。

12 あみの塩辛（セウジョッ）

えびの一種、あみを塩漬けして熟成させたもの。うまみと塩気が強くキムチ作りには欠かせません。塩やだしの代わりにも。

13 牛骨スープ（サゴルグク）

牛テールや牛骨を3〜4日かけてじっくり煮込んで作ったスープ。そのままスープとして食べるのが一般的ですが、だしとして使うこともあります。

14

15

16

17

18

19

20

21

22

14 塩蔵 茎わかめ
（ミョッチュルギ）

塩蔵のものは、味を損なうことなく長期保存ができ、料理に使うときには水でもどすだけ。コリコリとした歯ごたえがたまりません。

15 白菜キムチ（ペチュキムチ）

家庭によってキムチの味が違うように、メーカーによって味わいは大きく異なります。いろいろ食べ比べてみて、好みや用途に応じて選びましょう。

16 干し山菜（コンドゥレ）

江原道（カンウォンド）の旌善（チョンソン）、平昌（ピョンチャン）などで有名な山菜の朝鮮アザミを乾燥させたもの。炊き込みご飯やナムルなどに使います。

17 韓国春雨（タンミョン）

韓国春雨はさつまいもが原料。太くてコシがあります。熱湯で短時間でもどすより、水でゆっくりもどしたほうがコシが出て、食感がよくなります。さつまいも春雨という名前で販売されていることも。

18 韓国さつま揚げ（オムク）

魚のすり身を使った練りもので、日本のさつま揚げよりも薄く、板状になっています。トッポッギと一緒に煮たり、串にさしておでんに使ったりします。

19 韓国海苔フレーク
（キムジャバン）

塩とごま油で味つけされた海苔のふりかけ。チュモッパやキムチチャーハンに使ったり、白米にかけて食べるのが一般的。

20 インスタントラーメン
（ラーミョン）

韓国の人たちの食生活に欠かせない食べもの。鍋の具などに使う場合は、スープが入っていない「サリ麺」がおすすめ。

21 カルグクス

韓国でよく食べる麺のひとつで日本のうどんより平ら。基本の煮干しだしをはじめ、キムチ味、えごまパウダーを使ったカルグクスなどいろいろな味で楽しみます。タッカンマリの締めにも。

22 トック（トッポッキ用）

棒状の餅。原料が米粉でもっちりとしたタイプと、小麦粉で味がよく染み込んでやわらかい食感のタイプの2種類があります。

23

24

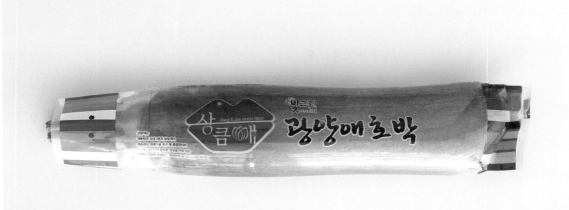

25

23 えごまの葉 (ケンニプ)

シソ科の植物で、青じそに形はそっくり
ですが、クセのある独特の香りで、やや
苦みがあります。肉などを包んで食べる
葉野菜としてはもちろん、ナムルやキム
チなどにもよく使います。

24 干しなつめ (テチュ)

薬膳料理によく使われる甘酸っぱい果実。
鉄分が豊富で、貧血や冷え性の改善にも
効果的です。サムゲタンには欠かせませ
ん。

25 韓国かぼちゃ (エホバク)

かぼちゃの仲間ですが、あっさりとした
淡白な味わいです。果肉だけでなく種や
皮もやわらかいので、ヘタを除けば丸ご
と食べられます。手に入らない場合は、
ズッキーニで代用を。

現地気分を盛り上げる

韓　国　調　理　道　具

私が愛用する韓国の調理道具です。
機能的で使いやすいものばかり。
買いそろえる必要はありませんが、あると気分が上がります。

1 底が大きいボウル

底が大きくて口が広いわりに高さが低いため、白菜のような縦にかさがあるものを入れても安定しています。私はビビンバの容器としてや、キムチやサラダなどをあえるときなどによく利用しています。

2 トゥッペギ

直火にかけられる煮込み用の土鍋。キムチチゲやスンドゥブチゲなどのチゲ類、ユッケジャンやサムゲタンなどのスープ類、石焼きビビンバの容器としてよく使います。

3 テジョプ

麺類や汁ものを盛るステンレス製の大きな器。最近は、保温・保冷に優れている二重構造になっているものが多く出回っています。

4 密封容器

においが外に漏れないため、キムチの保存に最適です。5章のおかずの保存にも。サイズ違いでそろえておくと便利です。

5 アルミ浅型鍋

インスタントラーメンを作るときの定番鍋。熱伝導率がよく早く温まるのでさっと作れます。器に移さず、鍋から直に食べるのが韓国流です。

6 スッカラ

スプーンのことで、箸「チョッカラ」と必ず一緒に並べ、ご飯やスープに使います。木製のものは調理時に使用。菜箸のような役割です。

7 チョッカラ

箸のことで、真鍮などの金属製。おかずを食べるときに使います。スッカラと合わせると「スジョ」という呼び方に。

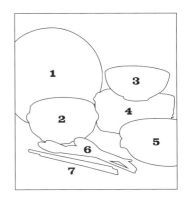

定 番 ヤ ン ニ ョ ム

1

2

3

4

「ヤンニョム」とは、調味料をいくつか
混ぜ合わせたたれのこと。
これさえあれば、あっという間に韓国料理の味に。
本書に登場した定番のヤンニョムです。

1 チヂミに合う 酢じょうゆだれ

プチンゲヤンニョムジャン
(p14-17)

材料

玉ねぎ（粗みじん切り）…1/4個分
生の青唐辛子（小口切り）…少量
しょうゆ…大さじ3
酢…大さじ1/2
砂糖…小さじ1

2 サム（＝包む）料理に よく使われる薬味みそ

サムジャン (p32,35)

材料

みそ…大さじ2
コチュジャン…大さじ1/2
水…小さじ1
ごま油…小さじ1
アガベシロップ…小さじ1
白ごま…小さじ1

3 炊き込みご飯に欠かせない 甘辛しょうゆだれ

マンヌンヤンニョムジャン
(p78,80,90,107)

材料

しょうゆ…大さじ2
長ねぎ（小口切り）…10cm分
粉唐辛子…小さじ1/2
白ごま…小さじ1
ごま油…大さじ1
アガベシロップ…大さじ1/2
酢…小さじ1

4 ビビンバ用の味付けみそ

薬コチュジャン (p23)

材料

合い挽き肉…100g
長ねぎ（小口切り）…3cm分
A コチュジャン…大さじ3
　 おろしにんにく…少量
　 アガベシロップ…大さじ1
　 みそ…小さじ1/2
米油…　…少量
ごま油…小さじ1/2

作り方

フライパンを弱火にかけて米油をひき、長ね
ぎを3～5分じっくり炒める。肉を加えて2
分ほど炒めたら混ぜ合わせたAを加え、よく
からめる。ごま油を加えて火を止める。

※材料はすべて作りやすい分量です。

KIM NARE
キム・ナレ

韓国、仁川出身
韓国本場の味をもとに、旬の
食材を使った日本の家庭で再
現しやすい韓国料理や創作韓
国料理で活躍中の料理家。

STAFF

撮影
伊藤徹也

スタイリング
西崎弥沙

デザイン
細山田光宣＋松本 歩（細山田デザイン事務所）

編集
土田由佳

企画・編集
森 香織（朝日新聞出版）

Special Thanks
アベクミコ　蓮池陽子

おいしい
韓国料理のレシピ
かん　こく りょう り

著　者　キム・ナレ

発行者　片桐圭子

発行所　朝日新聞出版
〒104-8011
東京都中央区築地5-3-2
（お問い合わせ）
infojitsuyo@asahi.com

印刷所　大日本印刷株式会社

©2023 Nare Kim
Published in Japan by Asahi Shimbun Publications Inc.
ISBN 978-4-02-334109-8